KB194820

KADOKAWA MANGA GAKUSYU SERIES SEKAI NO REKISHI
SHUKYO GA SASAERU SHAKAI 800-1200NEN

©KADOKAWA CORPORATION 2021
Korean Translation Copyright © 2022 by Korean Studies Information Co., Ltd.

First published in Japan in 2021 by KADOKAWA CORPORATION, Tokyo.
Korean translation rights arranged with KADOKAWA CORPORATION, Tokyo through Eric Yang Agency Inc, Seoul.

일러두기

이 책은 세계사를 바라보는 다양한 시각 및 국제정치적 감각을 길러주기 위한 목적으로 기획되었다. 원서는 비교
역사학을 토대로 서술되어 특정 국가의 시각에 치우치지 않고 세계 각국의 다양한 역사적 사실에 기반을 두고 있다.
다시 말해 우리 민족의 관점으로 바라본 세계사가 아님을 밝힌다.
다만 역사라는 학문의 특성상 우리나라 학계 및 정서에 맞지 않는 영토분쟁·역사적 논쟁점도 분명히 존재한다. 편
집부 역시 이러한 사실을 인지하고, 국내 정서와 다른 부분은 되도록 완곡한 단어로 교정했다. 그러나 오늘날 발생하
는 수많은 역사 분쟁을 다양한 시각에서 논의할 수 있도록 필요한 부분은 원서의 내용을 살려 편집했다. 교육 자료로
활용하거나 아동이 혼자 읽는 경우 이와 같은 부분에 지도가 필요할 수 있음을 당부드린다.

하루 한 권 학습만화 5

세계의역사

도쿄대학 명예 교수 하네다 마사시 감수

제1장 카롤루스 대제와 그리스도교의 확산

'카롤루스 1세'의 등장으로 서유럽은 점차 안정되었다.
이 시기 교황들은 왕권과의 결속을 강화하고자 했다.

신성로마 제국

하인리히 4세
교황인 그레고리오 7세에게 파문당한 독일의 국왕

프랑크 왕국

부자 / 부자

카롤루스 1세
영토를 늘리고 프랑크 왕국의 전성기를 이룩함

피핀
스스로 왕위에 올라 카롤링거 왕조를 개창함

카롤루스 마르텔
실권을 장악한 카롤링거 가문 출신 재상

칭호 수여

대립 / 협력

로마 가톨릭교회

동방교회

그레고리오 7세 교황

레오 3세 교황

자카리아 교황

대립

레온 3세 비잔티움 제국 황제

왕권과의 결속을 강화해 교황의 권위와 권력을 과시함

제2장 아바스 왕조의 번영

아바스 왕조는 '하룬 알 라시드'가 즉위하며 전성기를 맞이했으나, 점차 그 세력이 약해졌다.

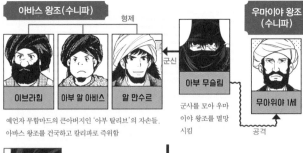

아바스 왕조(수니파)

형제

이브라힘

아부 알 아바스

알 만수르

예언자 무함마드의 큰아버지인 '아부 탈리브'의 자손들. 아바스 왕조를 건국하고 칼리파로 즉위함

우마이야 왕조 (수니파)

군신

아부 무슬림
군사를 모아 우마이야 왕조를 멸망시킴

무아위야 1세

공격

하룬 알 라시드
아바스 왕조의 전성기를 이룩한 제5대 칼리파

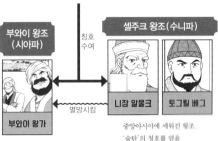

부와이 왕조 (시아파)

부와이 왕가

칭호 수여

멸망시킴

셀주크 왕조(수니파)

니잠 알물크

토그릴 베그

중앙아시아에 세워진 왕조. '술탄'의 칭호를 얻음

주요 사건

800년
카롤루스 1세의 서로마 황제 즉위

960년
조광윤의 송(宋) 건국

1055년
셀주크 왕조의 바그다드 점령

1077년
카노사의 굴욕

제3장 동남아시아의 해상무역

이슬람 상인들은 다우선을 타고 인도양을 오가며 각지에서 문화를 교류하고 무역에 힘썼다.

이슬람 상인

선장 / 선배 / 꼬맹이

상업에 종사하는 무슬림. 육로와 해로를 이용하며 무역을 넓힘. 12세기 후반에 이르러 남아시아 · 동남아시아 · 동북아시아까지 항로를 확대해 향신료 · 면직물 · 도자기 등의 다양한 물건을 홍해 연안의 서아시아 지역에 전파함

제4장 문치주의로 번성한 송(宋)

송은 '조광윤'이 건국한 나라로 문관을 중용하는 문치주의를 채택하면서 문화와 경제, 학문이 발전하기 시작했다.

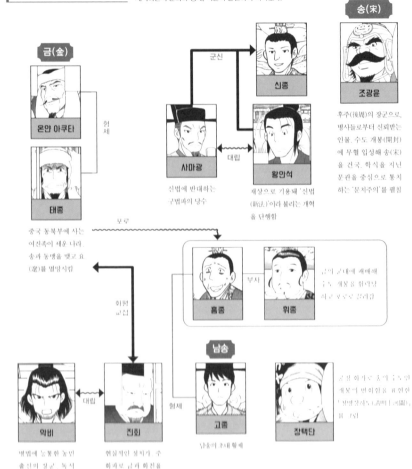

금(金)

온안 아쿠타

태종

중국 동북부에 사는 여진족이 세운 나라. 송과 동맹을 맺고 요(遼)를 멸망시킴

형세

송(宋)

조광윤

후주(後周)의 장군으로, 병사들로부터 신뢰받는 인물. 수도 개봉(開封)에 무혈 입성해 송(宋)을 건국. 학식을 지닌 문관을 중심으로 통치하는 '문치주의'를 펼침

군신

신종

사마광

신법에 반대하는 구법파의 당수

대립

왕안석

재상으로 기용돼 '신법(新法)'이라 불리는 개혁을 단행함

무력

흠종

부자

휘종

금의 군대에 패배해 수도 개봉을 함락당함 최고 모토로 끌려감

화번교섭

남송

악비

신법에 능통한 농민 출신의 장군. 독사 가로 유명함

대립

진회

현실적인 정치가. 주화파로 금과 화친을 맺음

형세

고종

남송의 초대 황제

장택단

교본 하생으로 송의 도읍인 개봉의 번화함을 표현한 '청명상하도(淸明上河圖)'를 그림

독자여러분께

종교가 지배하는 사회

도쿄대학 명예 교수 **하네다 마사시**

　5권에서는 9세기부터 12세기에 관한 이야기를 다룹니다. 이 시기에 들어서면 유라시아 대륙 각지에서 정치권력과 종교가 상호 의존하는 관계로 확립되기 시작합니다. 동유럽의 비잔티움 제국에서는 동방교회의 총대주교와 황제의 권력이 굳게 결속되었고, 서유럽에서는 로마 가톨릭교회의 수장인 교황과 세속적 권력자인 왕·황제가 서로 협력하기 시작했죠. 또 서아시아에서는 이슬람교의 지식인들로부터 그 정통성을 보장받은 '칼리파'가 예언자 '무함마드'의 대리인으로서 통치권을 부여받았습니다.

　한편 동아시아·남아시아에서는 정치권력과 종교의 관계가 유럽·서아시아와는 조금 다른 양상을 보였는데, 이는 그 정도의 종교적 권위를 갖춘 인물이 없었기 때문입니다. 그렇지만 이 지역에서도 정치권력과 종교는 서로 연결돼 있었습니다. 예를 들어 중국의 왕조인 송(宋)의 사회 질서는 유교 사상을 기반으로 형성되었죠. 또 일본에서는 아스카 시대부터 출가한 천황을 법황으로 모시는 관례가 있었는데, 이는 불교의 영향으로 볼 수 있습니다.

　이처럼 종교가 통치의 정당성과 사회 질서를 뒷받침하는 체제는 지역마다 서로 다른 특징을 보이면서도 기본 체제로 자리매김했습니다. 이렇게 형성된 기본 체제는 18세기 말의 프랑스 혁명까지 이어집니다.

　이 무렵 인도양 해역에서는 교역이 활발하게 이루어지면서, 다양한 물건·문화가 바다를 건너 전파되었습니다. 또 동남아시아의 항구 도시로 많은 상인과 선원이 몰려들었죠. 그렇다면 이 당시에는 어떤 물건이 인기 있었을까요? 5권을 읽으면서 확인해 보시기 바랍니다.

당부의 말씀

■ 이 도서의 원서는 일본 문부과학성이 발표한 '2008 개정 학습지도요
령'의 이념, '살아가는 힘'을 기반으로 편집되었습니다. 다만 시대상
을 반영하려는 저자의 의도적 표현을 제외하고, 역사적 토론이 필요
한 표현은 대한민국 국내의 정서를 고려해 완곡하게 수정했습니다.

....

■ 인명·지명·사건명 등의 명칭은 대한민국 초·중·고등학교 교과서
를 바탕으로 삼되, 여러 도서·학술정보를 참고해 상대적으로 친숙
한 표현으로 표기했습니다.

....

■ 대체로 사실로 인정되는 역사를 기반으로 구성했습니다. 다만 상세
한 기록이 남지 않은 등장인물의 경우, 만화라는 장르를 고려해 쉽고
재미있게 읽을 수 있도록 대화·배경·의복 등을 임의로 각색했습니
다. 또 역사의 흐름을 이해하는 데 도움이 되도록 만화에 가상인물을
등장시켰습니다. 이러한 가상인물에는 별도로 각주를 달아 표기했습
니다.

....

■ 연도는 서기로 표기했습니다. 사건의 발생 연도나 인물의 생몰년이
불분명한 경우에는 일반적으로 통용되는 시점을 채택했습니다. 또 인
물의 나이는 일시 통용된 시점을 기준으로 만 나이로 기재했습니다.

....

■ 인물의 나이는 맞춤법에 어긋나더라도 '그가 미처 1세 처럼 이름이
같은 교주의 공식 표기에 해당되지 않는 '00세·살'로 표기했습니
다. 예컨대 '스물 살, 40세'는 '20살, 40살'로 표기했습니다.

시대의 흐름을 파악하자! 그림으로 보는 역사 내비게이션

1000년경의 세계

하너야마 사사 교수님

> 지역마다 어느 정도 차이는 있겠지만, 이 시기 세계 각지의 정치구조와 사람들의 생활양식은 종교적인 가르침·율법과 관련이 깊습니다. 이 무렵에는 인도양을 중심으로 교역이 활발하게 이루어졌습니다.

『겐지모노가타리』[1] 완성
(11세기 전반)

일본 헤이안 시대의 소설가·시인인 '무라사키 시키부'가 집필한 장편 소설. 주인공은 '히카리 겐지'

※1 세계 최초의 소설로 인정받는 작품

마야 문명의 쇠퇴
(11세기)

피라미드(엘 카스티요) 등의 고도의 문명을 자랑하던 마야 문명이 쇠퇴하기 시작함[2]

※2 도시 문명으로 대표되는 고전기 · 후고전기의 쇠퇴를 의미함

거란의 국호 변경, '요(遼)' 확립(947년)

거란족은 몽골고원에서 수렵·채집으로 생활을 영위하던 유목민족으로, 이 무렵 중국 대륙 동북부까지 영토를 넓힘

전시 시작(10세기 후반~)   D

송(宋)의 황제인 '조광윤'이 직접 관리를 등용하기 위해 '전시(殿試)'라는 최종 시험을 시행함. 이로써 관리들이 황제에게 더욱 충성을 바치기 시작함

모아이의 등장
(10세기경~)

이스터 섬의 해안가를 따라 약 900여 개의 석상이 세워짐

8

이 무렵 유라시아 대륙에는 오늘날에도 존재하는 큰 규모의 종교들이 그 모습을 드러냈어요. 이들은 정치권력과 협력하는 한편, 사람들의 일상에도 큰 영향을 주었답니다.

 당시 일본은 헤이안 시대로, '후지와라노 미치나가(藤原道長)'가 실권을 쥐었던 시기네요.[3]

 종교가 자리 잡은 지역에는 특징적인 정치체제와 관습이 생겨났는데, 이는 오랜 세월 동안 이어졌습니다.

 '그리스도교, 이슬람교, 불교, 힌두교…', 이외에도 많은 종교가 있었군요.

※3 당시 우리나라는 고려 초기

노르만족의 잉글랜드 정복
(1066년)

노르망디 공작인 '윌리엄 1세'가 잉글랜드를 점령해 노르만 왕조를 건국하고, 왕으로 즉위함

'이븐 시나'의
『의학전범』 집필(11세기)   **B**

고대 아라비아·그리스·인도 등, 당시 알려진 의학 지식을 집대성한 작품. 이슬람 의학을 발전시킴

교황
'그레고리오 7세'의   **A**
교회 개혁(1073년~)

교황 그레고리오 7세가 부패한 교회를 개혁하고 권위 회복에 힘씀

교역을 통한 이슬람교의 확대
(11세기)   **C**

이슬람 상인의 활동 범위가 넓어 다면서 이슬람교가 각지로 전파됨

◀ 다음 페이지에서 자세한 설명을 확인하세요

교황권의 확립을 상징하는 카노사의 굴욕

독일의 국왕인 '하인리히 4세'는 성직자 서임권을 둘러싸고 교황 '그레고리오 7세'와 대립한 끝에 파문당했다. 이로 인해 영지 내에서 반란이 일어나 곤경에 빠진 하인리히 4세는 교황이 머무르던 카노사 성으로 찾아가 용서를 구했다.

이슬람교 지도자·학자를 양성하는 마드라사

셀주크 왕조의 재상 '니잠 알물크'는 바그다드 등의 도시에 '마드라사(학교)'를 세웠다. 마드라사에서는 코란·율법을 가르쳤으며, 이슬람교의 학자층인 '울라마'를 육성했다.

다우선을 타고 활발하게 교역하는 이슬람 상인들

'다우선'을 타고 다니던 이슬람 상인들은 7세기경부터 서서히 상업 활동의 범위를 넓혔는데, 이윽고 중국 대륙의 항구 도시에까지 그 모습을 드러냈다. 이들은 지역에 따라 물건의 가치가 다르다는 점을 이용해 멀리 떨어진 지역에서 들여온 물건을 팔아 이윤을 챙겼다.

번창하는 송의 수도 개봉

송(宋) 시대에는 수도인 '개봉(카이펑)'을 가로질러 대운하가 흘렀다. 이 덕분에 각지에서 많은 사람·물건이 모여들었고, 개봉은 상업의 중심지로서 밤낮이 없을 정도로 번창했다. 또 조정에서 지폐·동전을 발행하는 등 화폐 경제가 발전했다.

세계를 한눈에!

5 파노라마 연표(800년~1200년)

남·동남아시아	북·동아시아	일본	
스리위자야	**당(唐)**	헤이조쿄 천도(710)	나라시대
	👤현종 (712~756)	승려 보리선나의 일본 방문(736)	
샤일렌드라 건국(8세기경)		천황 쇼무 「대불 개안의 조」 명령(743)	
자바 섬에 보로부두르 사원 건립(8~9세기경)		승려 감진의 일본 방문(753)	
	안·사의 난(755~763) 양세법 시행(780)	헤이안쿄 천도(794)	
앙코르 왕조 건국(802)	**👤무종** (840~846) ○ 회창폐불 사건(845)	당에서 승려 사이초 귀국(805) ○ 일본 천태종 창시	헤이안시대
멸망(9세기경)		당에서 승려 구카이 귀국(806) ○ 일본 진언종 창시	
	황소의 난(875~884)	견당사 파견 중지(894)	
케디리 건국(928)	멸망 5대 10국 시대(907~979)		
대리 건국(937)	**요(遼)** **👤야율아보기** (916~926) **송(宋)** **👤조광윤** (960~976)	다이라노 마사카도의 난 (935~940) 후지와라노 미치나가의 난 (939~941)	
다이비엣 (리 왕조) 건국(1009)	**전연의 맹(1004)** 나침반·화약의 실용화 활자 인쇄 발명 **왕안석의 신법 시행(1069)**	후지와라노 미치나가의 섭정 취임(1016) 전9년의 역 발발 (1051~1062)	
바간 왕조 건국(1044)		후3년의 역 발발 (1083~1087)	
	👤휘종 (1100~1125)	상황 시라카와의 원정 (1086)	
앙코르 와트 건립 (12세기 전반!)	정강의 변 (1126~1127) 멸망(1127) **남송(南宋)** 건국(1127)	멸망 (1125) **금(金)** 건국 (1115)	다이라노 기요모리의 대정대신 취임(1167) 미나모토 요리토모의 수호(守護)·지두(地頭) 설치 ○ 가마쿠라 막부 성립(1185)	가마쿠라시대

12

■ : 나라 · 왕조　　붉은 글자: 전투 · 전쟁　　■ : 조약 · 회의　　♟ : 주요 통치자(재위 · 재직 기간)

• 시간의 흐름에 따라 서술한 연표로, 생략한 시대 · 사건이 있습니다.

연대	유럽				서 · 중앙아시아

700

유럽
- **서고트 왕국** — 멸망(711)
- **후우마이야 왕조** — 수도 코르도바(756)
- **프랑크 왕국**
  - **메로빙거 왕가** — 투르 푸아티에 전투(732)
  - **카롤링거 왕가** — 집권(751), ♟ 카롤루스 1세(768~814)
- **동로마 제국** — 「성상파괴령」(726), 동 · 서 교회의 대립

서 · 중앙아시아
- **우마이야 칼리파국** — 멸망(750)
- **아바스 칼리파국** — 건국(750), ♟ 아부 알 아바스(750~754) ○ 원형 도시 바그다드 건설(762~766), ♟ 하룬 알 라시드(786~809)

800

유럽
- ○ 황제 즉위(800)
- **잉글랜드** — 에그버트의 칠왕국 통일
- **베르됭 조약(843)** — 서프랑크 왕국(프랑스) · 중프랑크 왕국(이탈리아) · 동프랑크 왕국(독일)
- 노르만족(바이킹)의 빈번한 침입
- **메르센 조약(870)**
- **러시아** — **류리크 왕가** 건국(862)

서 · 중앙아시아
- ○ 아바스 왕조의 전성기
- 내란으로 인한 바그다드 황폐화(813)

900

유럽
- 노르망디 공국 건국(911)
- ○ 삼포식 농업 보급
- **카페 왕가** — 집권(987), ♟ 위그 카페
- **오토 1세**(936~973)
- **신성 로마 제국** — ○ 황제 즉위(962)

서 · 중앙아시아
- **파티마 왕조** — 건국(909)
- **부와이 왕조** — 건국(932), 바그다드 점령(946), 이크타 제도 도입

1000

유럽
- 멸망(1011)
- **데인 왕가** — 건국(1013), ♟ 크누트 대왕(1016~1035)
- **무라비트 왕조** — 건국(1056)
- **노르만 왕가** — 헤이스팅스 전투(1066)
- ♟ 위그 카페(987~996)
- 교황 그레고리우스 7세 즉위(1073~1085)
- **하인리히 4세**(1056~1106)
- 교황의 대분열(1054)
- 서임권 투쟁(1076~1122)
- 카노사의 굴욕(1077)
- **셀주크 제국** — 건국(1038), ♟ 토그릴 베그(1038~1063) ○ 바그다드 점령(1055)
- 멸망(1062)
- **제1차 십자군(1096~1099)**

1100

유럽
- **무와히드 왕조** — 건국(1130), 멸망(1147)
- **플랜태저넷 왕가** — 건국(1154)
- 교황 인노첸시오 3세 즉위(1198~1216)

서 · 중앙아시아
- **아이유브 술탄국** — 건국(1169), 멸망(1171), ♟ 살라흐 앗 딘 유수프(1169~1193)

1200

□ 4차에서 다루는 역사　□ 6차에서 다루는 역사

종교가 지배하는 사회
(800년 ~ 1200년)

하루
한 권
학습만화

세계의 역사

5

〈자켓 및 표지〉 곤도 가쓰야 (스튜디오 지브리)

목 차

글로벌한
관점으로
세계를
이해하자!

세계사 대비 세이

하네다 마사시 교수

일본반 * 사를 감수한 *
교대학의 명예 교수. 세계
적인 역사학자로 손꼽힘

〈일러스트〉 무에시 유후

세상에! 역사를 움직 - 3인의 위인 특집

하네다 마사시 교수님

만약에

이 시대의
군주 세 명이
한곳에 모인다면…⁉

오늘은
700년~900년경
유라시아 대륙
각지에서
활약했던
세 분의 군주를
모셨습니다.

여러분,
안녕하세요.

'카롤루스
대제'[1]다!

다들 나를
그렇게
부른다고!

대제!

유럽 대표는
프랑크
왕국의
'카롤루스
1세' 님.

카롤루스 1세
(742~814)

※1 '위대한 황제'라는 뜻

쿨~

엥,
하룬 씨!
일어
나세요!

서아시아
대표는
아바스 왕조의
'하룬
알 라시드' 님.

하룬 알 라시드
(766~809)

술!

술을 더 가져오게나~.

중국 대표는 송(宋)의 '조광윤' 님.

이봐!

조광윤
(927~976)

서로 아는 사이인가?

자네들은 당(唐) 시대[2] 사람들이라 내가 잘 몰라 그러는데,

아아, 네. 안녕하세요.

엥?

그대가 하룬인가?

역
3인의 위

와!

자, 그럼 첫 번째 질문입니다.

※2 618년~907년

【800년경의 유럽과 서아시아】

대서양

아헨

흑해

기스피해

지중해

바그다드

맞아, 그렇지만 직접 만난 적은 없어.

유럽의 아헨과 서아시아의 바그다드는 꽤나 멀리 떨어져 있거든.

자, 여기서 질문입니다.

여러분은 나라를 다스릴 때 주로 어떤 부분에 신경 쓰셨나요?

※ 과거제는 중국 수(隋) 시대 때 처음으로 시행됨

나 조광윤은 중국을 지배하면서 유교의 가르침을 제대로 공부한 이들을 중용하기 위해 과거제를 개선했다네.※

나 하룬 알 라시드는 할아버지로부터 물려받은 광대한 영토에 이슬람교의 가르침에 따라 도서관을 세우고 문화를 육성했어요.

나 카롤루스는 유럽을 정복하고, 그리스도교의 가르침을 중요하게 여겨 종교의 발전에 힘썼지.

과거제

도서관

그리스도교

잠시 광고 보고 오시죠.

어쨌든 잘 마무리된 건가…?

의외로 잘 맞는데요.

뭐야, 생각하는 게 비슷하군?

좋아, 다음에 술이나 한잔하세나.

…

여러분은 종교, 그리고 그로부터 파생된 지식·학문을 기반으로 나라를 다스려야겠다고 생각하셨죠?

방송도 막바지군요. 그럼 제왕들의 통치 비결을 알아볼까요?

세상에! 역사를움직인
- 3인의 위인 특집

맞습니다.

네!

사상·학문을 보호해 줄 수 있는 건 제왕뿐이니 말이야.

역시 나라가 안정되려면 지식인들이 필요하죠.

음, 아무리 군대가 강해도 존경받기는 힘들어.

좋은 지식인세.

정말이야!

맞아요.

그렇기에 이러한 통치는 정말 훌륭한 군주들만이 할 수 있는 일이었습니다.

지금과 같은 인쇄 기술이 발명되기 전이라

책이 귀해서 아무 때나 읽을 수는 없었거든요.

이분들이 살던 시대에는 서점이나 인터넷을 통해 책을 구입할 수 없었습니다.

BOOKS

뭐 여러분께서 직접 공부를 하고 다스리셨는지는 상당히 의심스럽습니다만….

왕이 스스로 학문의 중요성을 깨닫다니,

역시 우리야말로 …

왕 중의 왕 이라고 할 수 있겠지.

그렇기에 사회 질서를 유지하기 위해 종교·학문을 중요시한 결과, 드넓은 영토에서 통일된 문화를 일궈낼 수 있었죠.

앞서 말씀드렸다시피 이 세 분이 다스리던 영토는 매우 넓었습니다.

22

오늘날 서유럽이나 서아시아, 중국을 들었을 때 떠오르는 이미지는

'이분들께서 만드셨다'라고 말할 수 있습니다.

자, 그럼 본격적으로 시작해 볼까요?

일단 한 잔 더 하자고 ~.

죽은 다음의 평가는 알 수 없으니까요.

이야, 내가 그 정도로 대단해?

지금의 프랑스 지역에서 일어난 일부터 함께 보시죠.

먼저 732년

뒤이어 서로마 제국의 영토를

차지한 나라는 프랑크족이 세운

476년 서로마 제국은 게르만족의 대이동으로 인해

멸망을 맞이했다.

그렇게 위대했던 로마의 문화는 황폐해져 갔다.

제 1 장 카롤루스 대제와 그리스도교의 확산

'프랑크
왕국'
이었다.

뭐라!?

큰일입니다! 우마이야 왕조의 군대가 아키텐※1에 쳐들어 왔습니다!

732년 프랑크 왕국 궁전

전하!

※1 지금의 프랑스 남서부 지역

또 잊어 버리신 겁니까?

그런데 우마이야 왕조가 어디지?

로마 귀족들을 포섭하며 세력을 키웠다.

프랑크 왕국은 초대 국왕인 '클로비스 1세'가 그리스도교로 개종한 이후

우마이야 왕조

서고트 왕국 멸망 (711년)

서고트 왕국을 멸망시킬 만큼 강한 나라죠.

우마이야 왕조는 광활한 영토를 지배하는 이슬람 국가입니다.

예, 제가 적들을 물리치겠나이다.

그대를?

전하, 저를 보내 주십시오.

카롤루스 마르텔
재상[2]

전하 와는 딴판.

믿음직 스러워.

역시 마르텔 님이야.

쉿.

※2 영명은 'Mayor of the Palace'. '궁재, 집사장' 등으로도 번역됨

【재상】
군사·정치 등 왕국의 모든 일을 다루는 가장 높은 관직

카롤루스 마르텔은 대대로 재상을 역임해 온 카롤링거 가문 출신으로,

왕국의 실권은 어느새 메로빙거 왕가가 아닌

카롤링거 가문이 쥐게 되었다.

프랑크 왕국이 건국되고 250년 정도가 흐르자

와아아아아

황송
하옵니다.

마르텔,
그대는
우리 왕국에
꼭 필요한
인재요.

그런
가.

피핀 님,
훌륭한
아버님이
있으셔서
정말
부럽습니다.

사람들도
전하보다는
마르텔 님을
더 믿고
따릅니까요.

항상
침착하시
니까.

피핀
카롤루스 마르텔의 차남

대의명분이 없지 않은가.

그럴 수야 없지.

아예 마르텔 님께서 왕이 되시면 좋을 텐데요.

앗.

멍청아, 말 조심해.

지금은 발톱을 숨겨야 할 때야.

하지만 기회는 반드시 찾아온다.

억지로 왕위를 빼앗아봤자 영주들은 따르지 않아.

음.

대의명분...

그들이 납득할 만한 구실이 필요해.

그렇게 프랑크 왕국의 역사는 큰 변혁을 맞이했는데…

재상으로 임명되었다.

그 후 피핀은 아버지의 뒤를 이어

그 무렵

산 조바니 인 라테라노 대성당
로마 가톨릭교회

흠. 동방 교회와의 다툼은 끝이질 않는구나.

자카리아
교황

비잔티움 제국*의 팽창이 점차 거세지고 있습니다.

교황 성하.

※ 동로마 제국. 로마 황제 '발렌티아누스 1세'가 동생 '발렌스'에게 위임한 동부 지역으로, 시간이 흐르고 분별되면서 분화. 결국가 그게 달라져 '비잔티움 제국'이라고도 불림

바로 서쪽의 로마 가톨릭교회와 동쪽의 동방 교회였다.

로마 가톨릭교회

콘스탄티노폴리스 교회

이 시기 그리스도교는 교리 해석 등을 둘러싸고 두 세력으로 나뉘어 다투고 있었는데,

※ 예수 그리스도의 열두 제자 중 첫 번째 제자이자, 초대 교황

당시 로마에서 가장 큰 성당 이었던 산 조반니 인 라테라노 대성당은

절대 적인 권위를 상징 했다.

예수 그리스도를 대변하는 '베드로'※의 후계자로 여겨졌다.

교황은 로마 가톨릭 교회의 최고 지도자로,

한편 동방교회를 대표하는 교회는 비잔티움 제국의 콘스탄티노 폴리스 교회로,

비잔티움 제국의 탄압은 전대 황제 때부터 였던가?

비잔티움 제국에서 총대주교는 황제와 대등한 절대적인 권위를 가졌다.

아야 소피아 대성당
콘스탄티노폴리스 교회

한낱 인간이 성인을 묘사하다니 무엄하다!

레온 3세
비잔티움 제국 황제

성상(聖像)은 성인(聖人)의 모습을 그린 그림을 가리킨다.

예, 「성상파괴령」이 내려진 이후로 계속되고 있습니다.

726년 레온 3세가 「성상파괴령」을 내린 이래로

새로운 황제가 즉위한 지 20년이 지났지만, 탄압은 계속되었다.

명령을 어기는 사제는 추방하라!

예수 그리스도와 성인들을 묘사한 성화 및 석상을 모두 파괴하라!

으음….

성화 없이는 교회할 수 없사 옵니다!

재상, 사목의 이번 조치을 받아 동의치 않아서

아니, 교회의 재산을 보수하기 위해서라도 조치이 있었네.

우상 숭배를 금지하는 것은 교 싫어요.

이슬람교의 영향을 받은 걸까요?

44

하지만 교황 성하, 이곳은 사방이 이민족 천지인 지역입니다.

예에!?

비잔티움 제국과 연을 끊어도 말이지.※

이제 상관 없지 않겠나.

※ 비잔티움 제국은 로마의 정통적 후계국으로, 당시 로마 가톨릭교회는 표면적으로라도 비잔티움 제국을 섬김

더 가까운 아군을 찾으면 되지 않나.

언제 쳐들어 올지 모르고요.

랑고바르드 왕국

비잔티움 제국의 도움이 필요합니다.

특히나 랑고바르드 왕국은

로마

프랑크 왕국 말일세.

프랑크 왕국

랑고바르드 왕국

비잔티움 제국

로마

랑고바르드 왕국의 북쪽에 있는…

다른 아군?

랑고바르드
왕국을
공격해
주십시오.

부탁
입니다,
피핀 님.

자카리아 교황은
카롤루스 마르텔이
재상이던 시절부터
프랑크 왕국과
자주 교류하고 있던
것으로 추측된다.

…

병사들이
따르는 건
피핀 님이지
않습니까.

그야
…

참
그런데,
왜 전하가
아닌 내게
찾아왔소?

나는
왕이
아니오.

어찌 인계
세상이
교황 성하를
높고 있는
신장
하겠소.

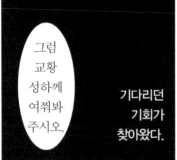

그럼 교황 성하께 여쭤봐 주시오.

기다리던 기회가 찾아왔다.

드디어 ─

… 그런가.

피핀 님이 그런 말을?

예.

왕이면서 실력이 없는 자와,

실력은 있으나 왕이 되지 못한 자,

누가 진짜 왕인지를.

그 자는 대의명분이 필요했던 거로군…

듣던대로 만만찮은 분이시군.

756년 피핀은 약속대로 랑고바르드 왕국을 공격했으며,

같은 해 전투로 점령한 라벤나 지방을 교황에게 바쳤다.

라벤나

로마

이 사건을 '피핀의 기증' 이라고 한다.

이 사건은 역사적으로 매우 중요한데,

스테파노 2세
당시 교황

이때 받은 땅이 로마 가톨릭교회 최초의 영지이기 때문이다.

이렇게 형성된 교황령은 오늘날 '바티칸 시국'의 기원이 되었다.

그 지역의 세금을 교회가 걷어간다는 소리인데.

너무 돈을 밝히는 거 아니냐고.

저래도 되는 거야?

아무리 증여받은 토지라고 해도 말이야.

하느님을 섬긴다는 놈들이 세금? 말이 돼?

400년 전에 쓴 증서라나 뭐라나.

'로마 제국의 서쪽 전반을 교회의 소유'라고 적혀있는 모양이야.

그게 뭔데?

따지를 걸면 사제들이 「콘스탄티누스의 기증」*인지 뭔지를 들이민다던데…?

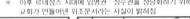

※ 이후 르네상스 시대에 임명권 · 징수권을 정당화하기 위해 교회가 만들어낸 위조문서라는 사실이 밝혀짐

우리가 나라를 더 부강하게 만들면 해결이? 안이상아?

어이, 그 정도 세금이면 그냥 가시라고 해.

하하.

이 무렵
그리스도교는
프랑크 왕국의
통치에 깊이
관여하고 있었다.

교회는 5세기경
서로마 제국이
멸망한 뒤에도
주요 도시에
남아 있었다.

이미 사람들의
일상에 깊이
뿌리내린
것이다.

남아 있던
교회를
이민족을
지배하는 데
이용했다.

이에
통치자
들은

이 사제들을
감독하는
주교를
'교구장'이라
부른다.

사제가
감독하는
관할구역을
'교구'라
부르고,

4세기경
로마 황제
'콘스탄티누스
1세'가
그리스도교를
공인한 이후,
서유럽 각지에는
빠른 속도로
교구가
확립되었다.

프랑크 왕국은 카롤링거 왕조 시대에 들어 '백작령 제도'를 도입했는데,

국왕이 널리 퍼져 있는 교구에 '백작'이라는 행정관을 임명하고,

백작 　사제

이 덕분에 프랑크 왕국은 지방 행정관을 통제하거나 반란을 방지할 수 있었다.

왕국순찰사

백작들의 행정 활동을 감찰하는 '왕국 순찰사'를 파견하는 형태로 운영되었다.

영토를 넓히고 백작령 제도를 도입한 위대한 왕!

그는 바로…

그 이유는 바로 프랑크 왕국의 영토가 늘어났기 때문이다.

그렇지만 왜 이렇게 치밀한 제도가 필요했던 걸까?

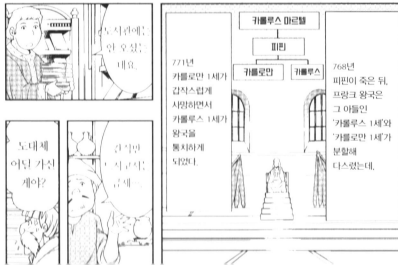

그렇다면 또 목욕 중이신 거로군.

예복 때문에 어깨가 아프시다고….

아, 전하!

슬슬 왕궁은 너무 따분해. 정말이지,

이민족들이…

랑고바르드 왕국이 또다시 로마를 공격했다고요!

전쟁입니다!

오셨소?

모락

여기 계셨군요, 전하!

774년
랑고바르드
왕국은
전쟁을
시작한 지
1년 만에
멸망했다.

카롤루스 1세
프랑크 왕국 국왕

그렇다.
이 사람이 바로
젊은 시절의
카롤루스 1세였다.

카롤루스 1세는 46년간 53번이나 군사를 이끌고 원정에 나섰다.

특히 778년 이베리아 반도 원정을 마치고 돌아오는 길에 일어난 '론세스바예스 전투'가 유명한데,

11세기경 이 전투에서 전사한 기사 '롤랑'을 주제로 발표된 《롤랑의 노래》는

중세 유럽 문학을 대표하는 창작 서사시로 널리 알려졌다.

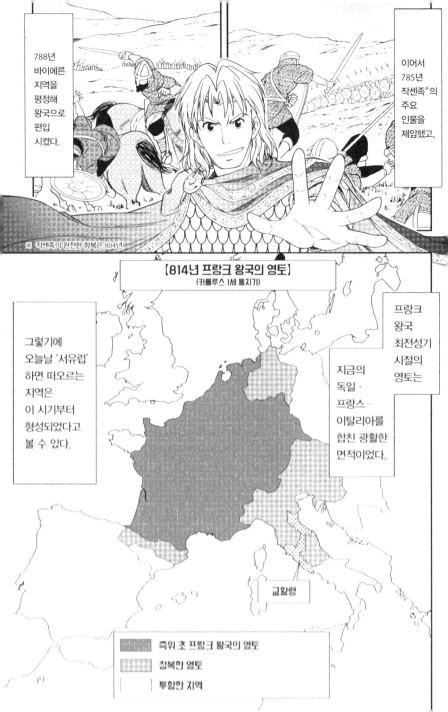

788년
바이에른
지역을
평정해
왕국으로
편입
시켰다.

이어서
785년
작센족*의
주요
인물을
제압했고,

※ 작센족의 완전한 항복은 804년.

【814년 프랑크 왕국의 영토】
(카롤루스 1세 통치기)

그렇기에
오늘날 '서유럽'
하면 떠오르는
지역은
이 시기부터
형성되었다고
볼 수 있다.

지금의
독일 ·
프랑스 ·
이탈리아를
합친 광활한
면적이었다.

프랑크
왕국
최전성기
시절의
영토는

교황령

즉위 초 프랑크 왕국의 영토

정복한 영토

투항한 지역

※ 당시 프랑크 왕국의 수도는 국왕의 거취에 따라 달라짐

아헨

프랑크 왕국

카롤루스 1세의 업적은 전쟁에만 국한되지 않았다.

왕궁※을 짓기에 안성맞춤인 곳입니다.

이곳이 아헨 이군요.

대단한 사제 인가봐.

왕국을 문화 강국으로 만들기 위해서요.

선생을 여기로 초빙한 이유는

알퀸
잉글랜드의 교회학자

저 건물을 학교로 사용할 거요.

학문, 예술, 그리스도교의 교리를 가르쳐 나라의 힘이 될 인재를 기르는 거지.

선생이 저 학교의 교사가 되어 주시오.

정말인가! 알겠습니다. 힘을 보태 드리죠. 하지만 조금 의외 군요.

싸울 때보다 크게, 자꾸 눈에 들어 오니까.

아아...

전하께서는 싸우는 일만 좋아하시는 줄 알았는데 말입니다.

로마 제국의 잔해들이 많이야...

버려진

그러다
문득,

되찾고
싶어졌다네.

로마
제국의
영광을,

이
손
으로.

맞아!
바로
그거야!

배우고자
하는 의지가
강한 분
이시군요.

시끄
러워!

전하는
까막눈이셔서
서명도 겨우
하시거든요.

그리고 뭐,
하는 김에
나도 좀
가르쳐주면
좋고.

※ 이때 통일한 서체를 '카롤루스 소문자'라고 부르며, 동글동글하고 가독성이 뛰어나다는 특징이 있음. 오랫동안 알파벳의 기본 서체로 사용됨

학교의 설립,
아동 교육에
관한 내용까지
포함돼 있었다.

그 외에도 789년에
발표한 칙령^{※1}에는
전례용 문서^{※2}에
관한 규정과
더불어

※1 칙령「Admonitio generalis」를 말함
※2 예배문, 찬송가 등을 기록한 문서를 말함

나아가
이 무렵에는
'데나리우스'와
같은 고도로
발전한 화폐가
주조되었다.

데나리우스

멈춰라,
멈춰.

어이쿠

챙 그랑

로마와
라벤나에서
가져 온 대리석
기둥이래.

뭘
지으려는
걸까?

우왓!

덜컹덜컹덜컹

비켜,
비키라고!

로마 제국의
건축 이론을
응용해 지은
성당으로,
오늘날에도
남아 있다.

아헨
대성당

전하,
참으로
훌륭한
성당
입니다!

그렇
군.

이렇듯
카롤루스
1세가 이룩한
문화 사업을
가리켜

후세
사람들은
'카롤링거
르네상스'
라고
불렀다.

이는
마치

게르만족의
대이동이라는
혼란기에 소실한
로마 제국의
고전 문화를

되찾기
위한
움직임
처럼
보였다.

제, 제게 로마 황제의 칭호를!?

카롤루스 1세
(57세, 중년)

그렇네. 그대의 업적에 어울리는 칭호지.

799년 작센

지금이야말로 로마 제국을 300년 만에 재건할 때일세!

레오 3세
교황

다른 속내가 숨겨져 있었다.

로마 황제의 자리에, 내가!

그러나 이 제안에는

하겠습니다!

허나...

황제가 되겠습니다!

이미 비잔티움 제국에 황제 폐하가 계시지 않습니까?

잠시만,

지금의 황제는 여성이니 신경쓸 것 없네.※

※ '이리니 황제'. 비잔티움 제국의 관습상 여성은 통치자로서의 정당성이 부족했음

짝짝

황제 폐하 만세!

만세!

짝짝

800년 크리스마스, 카롤루스 1세의 대관식이 거행되었다.

와아아아아

성 베드로 대성당

짝짝짝짝

짝짝 황송합니다.

카롤루스, 그대를 로마의 황제로 임명하노라.

짝짝짝짝

교황님의 반응을 보십시오, 아버님.

오늘같이 좋은 날, 표정이 왜 그러십니까?

...

정말 화나 있어요.

황제라 해도 교황의 권위보다는 낮은 거로군.

황제의 칭호를 교황에게 부여받다니 ….

우리는 이용당한 것뿐인가 …!

만천하에 과시하는 꼴이로군 …

제길, 교황의 권위만

인기 있는 인물이니 황제로 임명하면 교황 성하의 권위도 함께 올라갈 겁니다.

프랑크 왕국의 국왕을 이용하시죠.

이렇게 살 수는 없네….

내가 빈민 출신이라 이런 일이 벌어지는 것인가?

일전에 교황 레오 3세는 괴한에게 습격을 받은 적이 있었다.

이 대관식 에는

게다가 좋다. 로마 황제를 내세우면 비잔티움 제국에도 맞설 수 있겠지 …!

이러한
교회의 속내가
숨겨져 있던
것이다.

저,
페하
…?

이용…

당한
것이었나…

정말 정말
즉위를
감축드려요!

페…
페하.

그럼
에도

카롤루스
1세는
'대제'※라
불릴 만큼
수많은
위업을
이룩하며

그래.

나도
정말 정말
고맙구나!

민중들에게
진심 어린
존경을
받았다.

※ 위대한 황제라는 뜻

800년
12월 25일
카롤루스
대제가
즉위
하면서,

교회와
왕권의
결속으로
재탄생한
'서유럽'이
세계사에
그 모습을
드러냈다.

그러나 이내
프랑크 왕국은
분열되기 시작했다.

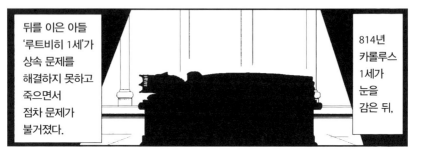

뒤를 이은 아들
'루트비히 1세'가
상속 문제를
해결하지 못하고
죽으면서
점차 문제가
불거졌다.

814년
카롤루스
1세가
눈을
감은 뒤,

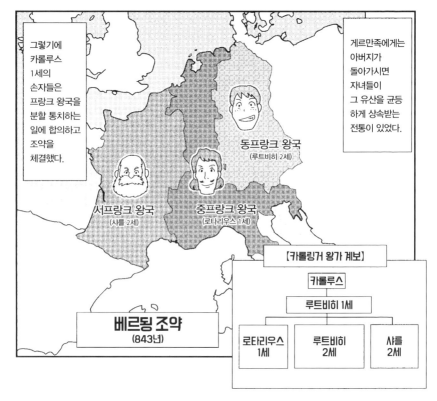

그렇기에
카롤루스
1세의
손자들은
프랑크 왕국을
분할 통치하는
일에 합의하고
조약을
체결했다.

게르만족에게는
아버지가
돌아가시면
자녀들이
그 유산을 균등
하게 상속받는
전통이 있었다.

동프랑크 왕국
(루트비히 2세)

서프랑크 왕국
(샤를 2세)

중프랑크 왕국
(로타리우스 1세)

베르됭 조약
(843년)

[카롤링거 왕가 계보]

카롤루스

루트비히 1세

로타리우스
1세

루트비히
2세

샤를
2세

【그 뒤의 프랑크 왕국】

11세기
프랑스
어느
강가 마을

삼포식
농법^{※1}이
도입되고
철제
농기구가
보편화된
데다,

따뜻한 기후까지
이어지면서
농업 생산량이
증가하고 있었다.

새로운
농법이
제법
효과가
좋네요.

얘야,
보리와 콩이
풍작이구나.

이 시기
서유럽
에서는

※1 농지를 '춘경지·추경지·휴경지'로 나눔으로써
땅의 비옥함을 유지해 효율적으로 작물을 길러내는 농법

이로써
농민들의 삶은
윤택해졌지만,
꼭 좋은 일만은
아니었다.

와
아
아
아
아
아

또 마을에는
대장간과
물레방앗간,
제빵소, 교회가
세워졌다.

와아아

아아아

아아

아아

어서 영주님의 성으로 도망쳐!

세상에 노르드※2인이야!

※2 '노르드'는 '북쪽에서 온 사람들'이라는 뜻. 훗날 프랑스 노르망디에 정착한 일부가 '노르만족'으로 일컬어짐

노르드인은 북쪽의 스칸디나비아 반도에 살던 민족으로,

스칸디나비아 반도

훗날 이들은 '바이킹'이라 불리게 되었다.

약탈을 일삼았다.

농사를 짓지 않는 계절이면 강을 거슬러 올라와 내륙 지방을 습격하고

이렇듯 중세 유럽 사회는 '봉건제'와 '장원제'로 운영되었다.

※1 교회에 바치는 세금·헌금으로 수입의 10분의 1을 바침

전투가 벌어지면 특권을 누리던 영주라고 해도 반드시 군인으로 나서야만 했다.

【영주의 특권 예시】

· 재판 면제. 국왕에 대한 납세 면제
· 농노를 재판에 회부할 수 있는 권한 (영주 재판권)

【중세 유럽의 도시】

중심부에 위치한 교회 및 영주의 성

도시 전체를 둘러싸고 있는 성벽

1073년 교황에 즉위한 '그레고리오 7세'는

성직 매매와 결혼 이라니! 당치 않은 짓거리다.

이를 '그레고리오 개혁'이라 부른다.

또 이 말을 전하라! 성직자 서임권은 교회 고유의 권한 이다!

각지에 선포 하라.

단숨에 개혁을 단행했다.

성직자 서임권은 사제나 수도원장을 임명할 수 있는 권리를 말한다.

서임권 이요 …!?

분명 국왕의 성직자 임명이 문제가 되고 있기는 하시만…

반발이 심한 내예요.

반발은 예상보다 거셌다.

말도 안 되다!

무슨 소리 인가!

윌리엄 1세
잉글랜드 국왕[*]

필리프 1세
프랑스 국왕

※1 남부 잉글랜드의 왕위 쟁탈 '정복왕'으로 유명한
노르만족 출신의 노르망디 공작 '윌리엄 1세'

서임권을 포기하라고?

제후[1]들의 반란을 억누르고 이제서야 국정이 안정되었는데…

너희들 모두 사제로 임명하마.

말 같지도 않은 소리!

그중에서도 이 인물의 반발이 가장 거셌다.

하인리히 4세
독일 국왕

※1 국왕으로부터 봉토를 받은 귀족으로,
독립적인 국가를 형성할 만한 힘을 지닌 영주

찢어 버려라!

전하, 교황 성하께서 '내 말을 따르라' 하고 서신을 보내셨는데요.

까불지마

쯧, 제 분수도 모르고.

교황 성하, 독일 국왕이 계속해서 반발하고 있습니다.

하는 수 없구나.

폐위!

폐위한다!

사제들에게 전하라. 교황 그레고리오 7세를 폐위한다고!

1077년
1월
카노사 성

제길,
파문을
취소해달라고
비는 수밖에
….

용서를
빌었다.

하인리히
4세는
교황
그레고리오
7세를
찾아가

저렇게
까지
할 줄은
….

벌써
3일째야.

이렇게
눈이
내리는데,
대단하군.

우리의 황제이신 위대한 샤를마뉴※는
Le roi Charles, notre empereur, le Grand

7년이나 스페인에 머무르며
Sept ans tous pleins est resté dans Espagne :

바다에 이르시고
Jusqu'à la mer,

높은 고지들을 점령하셨네
Il a conquis la la terre hautaine.

대제의 앞에서는 단 하나의 성조차 버티지를 못했고
Plus de château qui devant lui résiste,

더 이상 무너뜨릴 성벽 하나, 도시 하나 없었네.
Plus une muraille à forcer, plus une cité,

오직 산 정상의 사라고사만이 남았네.
Hormis Saragosse, qui est sur une montagne.

※ '샤를'은 '카롤루스'의 프랑스식 발음.
'마뉴'는 '대제·황제'를 말함

그럼 안 돼!

어라, 선배님도 들으시게요?

모두 모였다네.

적도,

아군도.

나도 카롤루스 대제는 좋아한다고!

유럽 통합에 기여한 인물들에게 특별한 상을 수여하고 있다.

오늘날 독일의 아헨 시에서는

그 상의 이름은 '카롤루스 대제상'.

카롤루스 대제는 지금까지도 여전히 서유럽인들

모두에게 존경받는 위인으로 남아있다.

이슬람 세력 연표

632	무함마드 시대
661	정통 칼리파 시대
	우마이야 왕조
750	
	아바스 왕조

8세기 초부터
서아시아 지역은
이슬람교 세력이
통치했다.

이 지역은
이야기책
『천일야화』※¹의
배경으로도
잘 알려져 있는데,

「아메드 왕자와
페리 바누 요정」※²의
한 장면

732년
프랑크 왕국과
전투를 벌였던
우마이야 왕조
역시
이 세력 중
하나였다.

카롤루스 마르텔

투르 푸아티에 전투

프랑크 왕국

지중해

다마스쿠스

티그리스강

우마이야 왕조

인더스강

유프라테스강

메디나

나일 강

메카

아라비아해

이 책에 등장하는
'위대한 왕'은
'하룬 알 라시드'라는
실존 인물에서
모티브를 따온
것으로 추정된다.

하룬 알 라시드
아바스 왕조 제5대 칼리파

왕조의 광활한 영토에는 다양한 국적과 신앙을 가진 사람들이 뒤섞여 살고 있었다.

그리스도교 신자

유대교 신자

마니교 신자

조로아스터교 신자

무슬림

무아위야 1세

661년

'무아위야 1세'가 이전의 칼리파를 누르고 세습제 이슬람교 국가인 '우마이야 왕조'를 세웠다.

그럼 무슬림도 아니겠네.

똑바로 세금을 내라고!

할아범, 페르시아인 이라며?

어이, 할아범!

왕가가 아랍인이라고 잘난 척은, 쳇.

같은 무슬림 이면서

아랍인 관리들 이야.

나리, 저는 며칠 전에 이슬람교로 개종했습니다.

...

무슬림이란 이슬람교를 믿는 사람들을 가리키는 말이다.

할아범이 아랍인이 아닌 이상 무슬림이라도 소용없어.

어서 지즈야*¹를 내라고!

뭐, 어찌 라고!

※1 신앙과 생명을 보호한다는 명목으로 비무슬림으로부터 징수하는 세금

이 할아범, 말이 통하질 않는군.

에, 손자가 다섯이나 있습죠.

쯧, 보아하니 하라즈*²도 안 냈겠구먼. 이렇게 된 거 같이 내셔.

지금 세금 이야기 중 이잖아!

오늘 날씨가 정말 좋군요~

※2 이슬람교 율법에 정해놓은 토지세

잠만 들리잖아!

영감님, 이거 얼마요?

1신 1/3 나누 었세.

아랍인만 우대해 주다니!

같은 무슬림인데 말이야.

불공평해!

에구구... 오늘 저녁도 굶어야겠구먼.

	지즈야	하라즈
아랍인	면제	면제
비아랍인	납부	납부

우마이야 왕조는 비아랍인에게 부당할 정도로 과도한 세금을 징수했다.

717년 우마이야 왕조의 수도 다마스쿠스

흐음, 세금에 대한 불만이 상당히 많군.

우마르 2세
우마이야 왕조 제8대 칼리파

세금도 마찬가지다.

조세를 개혁하겠다. 앞으로 아랍인이 아니어도 모든 무슬림에게는 동일한 월급을 지급하라.

들거라.

'칼리파'란 무슬림들의 정치적 지도자이자 종교적 권위자를 뜻한다.

예!?

개혁은 실패로 끝나고 말았다.

더욱이 얼마 안 있어 우마르 2세가 사망하면서

그러나 조정 관료들의 반응은 시큰둥했다.

반발 때문에 오히려 세수※1가 줄어 들거야.

맞아.

취지가 좋다고는 해도….

※1 세금 징수 등으로 얻는 정부·조정의 수입

우리 마왈리※2들을 요만큼도 배려해주지 않는다니까.

조세 제도를 바꾸지 않는다고 하더군.

※2 이슬람교로 개종한 이민족 출신 사람들

그가 말한 '시아파'는 이슬람교의 종파 중 하나다.

그래, 나는 시아파 무슬림이다.

자네, 혹시…

안 받았나 봐.

나식들은 '무함마드'의 정당한 후계자도 아니야.

없이 자이 아니니!

역시 우마이야 왕조는 못 믿겠어.

의견이 엇갈리기 전에는 합의를 통해 칼리파를 선출했는데,

그중 예언자 무함마드의 혈통을 절대 조건으로 내세운 종파가 시아파였다.

정통 칼리파 시대 이후 칼리파의 선출 방법에 관한 무슬림들의 의견이 엇갈렸는데,

그러나 무함마드의 사촌인 '알리'※가 암살을 당하면서,

※ 제4대 칼리파

이렇게 우마이야 왕조가 탄생했다.

무아위야 1세
초대 칼리파

내란을 제압한 우마이야 가문이 칼리파로 등극하게 되었다.

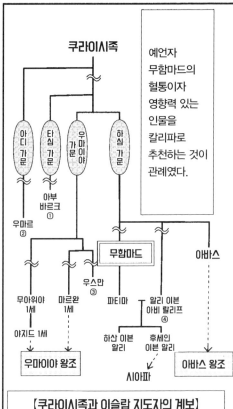

쿠라이시족

예언자 무함마드의 혈통이자 영향력 있는 인물을 칼리파로 추천하는 것이 관례였다.

아디 가문

타심 가문

우마이야 가문

하심 가문

아부 바르크 ①

우마르 ②

무아위야 1세

마르완 1세

우스만 ③

무함마드

아바스

파티마

알리 이븐 아비 탈리프 ④

야지드 1세

우마이야 왕조

하산 이븐 알리

후세인 이븐 알리

아바스 왕조

시아파

[쿠라이시족과 이슬람 지도자의 계보]
(동그란 숫자는 역대 정통 칼리파)

후메이아
마을※1

745년

※1 지금의 팔레스타인 남부

이브라힘
아바스 가문의 당주

아부 알 아바스※2
아바스 가문

※2 훗날 '사파흐(살육자)'라는 별명을 얻음

예, 무사히 끝났습니다.

이제 우리 측의 병사만 모으면 됩니다.

각지의 지도자들은 설득 되었는가?

형님, 다녀 왔습니다.

자파르
아바스 가문

강력한 지도자가 나타난다면,

자파르 님 말씀이 맞습니다. 그러니

불만이 상당하더군요.

민심을 살펴보고 오는 길입니다.

민중들은 우마이야 왕조를 타도하자고 들고일어날 겁니다.

아부 무슬림

수 지도자의 자격을 갖추신 분들.

예언자 무함마드 님의 큰아버지이신 '아부 탈리브' 님의 혈통.

이곳에 게신 아바스 가문의 형제들께서는

잠깐, 나좀 보시.

가문 역시 마지막 싸움을 위해 이반...

하긴... 이번 일은 이바님의 독립이기도 했지.

부디 하며...

제가 뭘 할지를 아시는 게 중요할 텐데요.

제 정체보다,

… 자파르 님.

대체 정체가 뭐지?

아무리 뒤져도 먼지 한 톨 나오지 않더군.

자네, '아부 무슬림'이라고 했던가?

흥, 잘난 척 하기는.

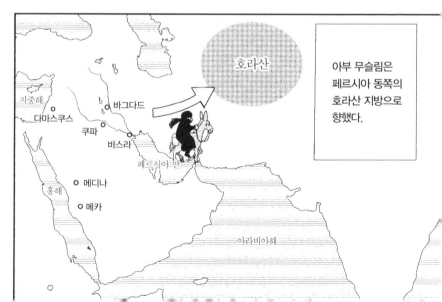

호라산

지중해

다마스쿠스

바그다드

쿠파

바스라

페르시아만

메디나

홍해

메카

아라비아해

아부 무슬림은 페르시아 동쪽의 호라산 지방으로 향했다.

이 부근에 사는 사람들 대다수가 우리와 같은 페르시아인 들인데,

다들 차별받고 있어, 젠장.

아랍인 병사들만 월급을 많이 받는 건 못 참겠단 말이야.

목숨 걸고 싸우는 건 똑같은데 말이지.

그리고

믿어 먹을...

호라산 지방은 중앙아시아 국가들과의 전쟁을 거치면서

강인한 전사들이 많아지게 되었다.

그들 대부분은 불만을 품고 있었다.

똑바로 보고 다녀!

이이, 이봐!

월급은 아랍인의 신민만 받아도 불평불만까지 되지시킬니다, 이건가?

호오?

툭

아부 무슬림은 불만을 품은 병사들을 이끌고 단숨에 호라산 지방을 석권했다.

747년

우마이야 왕조를 몰아내자!

우마이야 왕조의 상징인 흰 깃발은

혁명군의 검은 깃발로 빠르게 뒤덮여 갔다.

아바스 혁명의 시작 이었다.

혁명은 실패로 끝나게 되는 걸까요?

아바스 가문의 당주께서 돌아 가시다니...

네.

게다가 감옥 안에서 돌아가셨다 합니다.

아니, 아직 포기하긴 이르다.

혁명이 한창이던 어느 날

이브라힘 님께서 잡혀 가셨다고?

아바스 가문의 형제들은 모두 뛰어난 능력을 지녔으니까.

잘 들어라. 이제부터 너는 우리에게 모여든 병사와 민중이 기대감을 품을 수 있도록 인선을 준비해야 한다.

나는 너의 뒤를 받쳐 주겠다.

네...? 형님이 아니라 제가요?

아바스, 네가 이브라힘 형님의 뒤를 이어 당수가 되거라.

749년 11월

대도시
쿠파※

※ 지금의 이라크 나자프 일대

와, 많이도 모였네.

시아파에다 불만이 쌓인 마왈리까지 있잖아?

아부 무슬림 님을 따라 왔지.

어이, 우리는 호라산에서 왔소.

함께 일어나자 쿠파의 민중들이여!

내가 그대들을 세상에서 가장 행복한 백성으로 만들어 주겠다!

앞으로 모든 군인의 월급을 100디르함씩 늘려 주겠다!

주변을 보아라! 이제 우리의 시대가 왔다.

알라께서도 우리의 시대라 말씀하고 계신다!

와아아 아아

이 기세를 빠르게 밀어 붙여야 해.

이로써 우리 아바스 가문이 새로운 칼리파라 선언한 셈이 되었다.

이제 아바스 왕조는 탄생의 준비를 끝마쳤다.

다음 해인 750년 혁명군은 수도인 다마스쿠스를 함락했다.

이는 곧 우마이야 왕조의 멸망을 뜻했다.

750년
쿠파

축하합니다, 전하. 드디어 칼리파가 되셨군요.

먼저 해결해야 할 일이 있습니다.

형님, 앞으로도 저를 도와 정무를 봐주셨으면 합니다.

흐음, 뒤처리 말씀 이군요.

우마이야 잔당들이 멀리 서쪽으로 도망쳤다죠?

존대는요. 모두 자파르 형님 덕분 입니다.

756년 그곳에 후우마이야 왕조를 세웠다.

살아남은 우마이야 왕족들은 이베리아 반도까지 도망쳐서

그 일이라면 걱정하지 마십시오.

아바스 가문이 칼리파가 된 것을 시아파가 못마땅해 하고 있다는

아니요. 왕조를 안정 시키는 게 먼저 입니다.

칼리파의 손을 더럽히지 않아도 된다는 뜻입니다.

아부 무슬림, 그게 무슨 소리인가.

소문이 돌더군요.

얼굴색 하나 변하지 않다니...

이것이 그의 목 입니다.

세상이 내통하고 있더군요.

무시운 성노로 행동이 재빠른 자입니다...

즉위 후
그는 '만수르'[1]
라는 이름으로
불렸다.

자파르가
아바스 왕조의
제2대 칼리파로
즉위했다.

4년 후인
754년,
아부 알
아바스가
병사하면서

※1 '승리자'라는 뜻

※2 이전 수도인 쿠파 근처에 지은 도시

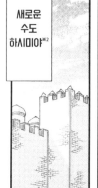

새로운
수도
하시미야[2]

여봐라.
아부
무슬림을
불러
오너라.

스윽

그대가
있으면
우리
아바스 왕조도
무너질 수
있다는
말과 같다.

과찬
이십
니다.

우마이야 왕조를
무너뜨릴 수
있었던 건
자네 덕택이다.

그 말은
다시 말해
…

해치
위라.

앞으로
시녀은
이렇게
치리하싴
…

시녀
시녀
죽이시먼

기…
기미리
수십시오,
진히!

그대가 바로
가장 무서운
적일세.

아부
무슬림
….

100

제2대 칼리파인
만수르는
아바스 왕조의
초석을 다졌다.

그렇
습니까?

제
눈에는
흔두석
같은
데요.

괜찮은
곳이지
않나?

이곳을
수도로
삼겠다.

왕조는
그의 대에
안정돼, 이후
500년 가까이
이어졌다.

세세의
모든 물자가
바로 이곳,
'바그다드'로
모이도록
하겠다!

또 시기만
잘 맞으면
동쪽의
당(唐)까지도
갈 수 있을
테지.

하하하,
두 강 사이에
위치해 있어
물자 운송이
편할 거다.

흑해

유프라테스 강

티그리스 강

바그다드

다마스쿠스

쿠파

바스라

홍해

○ 메디나

○ 메카

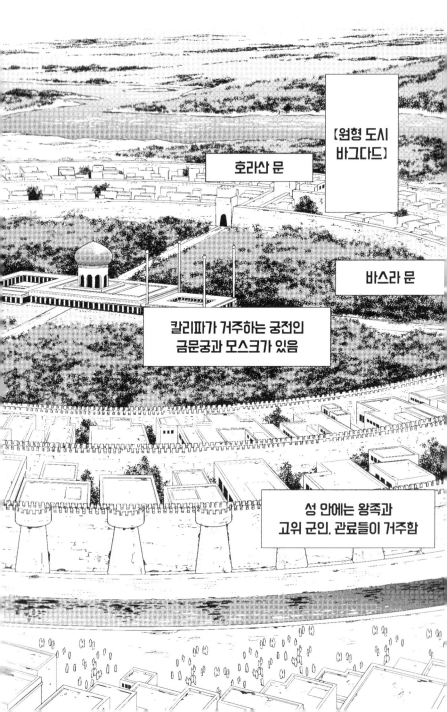

〔원형 도시
바그다드〕

호라산 문

바스라 문

칼리파가 거주하는 궁전인
금문궁과 모스크가 있음

성 안에는 왕족과
고위 군인, 관료들이 거주함

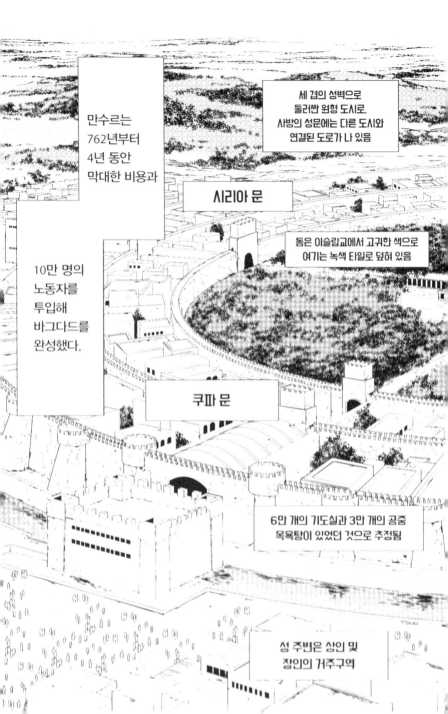

만수르는
762년부터
4년 동안
막대한 비용과

세 겹의 성벽으로
둘러싼 원형 도시로.
사방의 성문에는 다른 도시와
연결된 도로가 나 있음

시리아 문

돔은 이슬람교에서 고귀한 색으로
여기는 녹색 타일로 덮혀 있음

10만 명의
노동자를
투입해
바그다드를
완성했다.

쿠파 문

6만 개의 기도실과 3만 개의 공중
목욕탕이 있었던 것으로 추정됨

성 주변은 상인 및
장인의 거주구역

당시에는
바그다드를
'마티나트
알 살람'
이라고 불렀다.

이는
'평화의 도시'
라는 뜻이다.

참고로
우연의
일치인지
일본에서도
비슷한 시기에
같은 의미를 지닌
'헤이안쿄'가
건립되었다.

만수르 이후로
아바스 왕조의
칼리파들은
바그다드에서
나라를 다스렸고,

이 덕분에
바그다드는
그 당시
세계 최대의
도시로
성장할 수
있었다.

※1 인도 남서부에 위치한 해안 지역
※2 못처럼 생긴 향신료의 일종

※1 낙타 및 동물 이용해 먼 곳의 특산물을 교역하는 상인 집단

이건 디나르 …!

흠?

주인장, 후회 안 하시 겠어요?

이봐, 돈이 없어 자꾸 묻는 거면 괜찮으니까

장사 방해하지 말고 그만 가봐.

흐음~

화폐의 가치가 달라 상업에 지장을 주었다.

비잔티움 제국의 금화를 함께 사용했는데,

콘스탄티노폴리스

비잔티움 제국

사산조 페르시아

• 크테시폰

서아시아 지역에서는 오랫동안 사산조 페르시아의 은화와

【7세기 전반의 서아시아】

….

킥킥, 젊은 놈이 부자구먼! 좋았어!

디나르(금화)

디르함(은화)

그러다 695년 우마이야 왕조에서 '디나르·디르함' 이라는 화폐를 만들어 내면서 상업이 활기를 띠기 시작했다.

아아,
군인
출신
이거든.

활을
잘
쏘시
네요.

제기랄
...

대낮부터
도둑질
이라니,
간 큰
놈이구만.

튀르크족이
사는
나라에서
왔지.

고마
워요.

비아랍인들도
관리나 군인
등으로 출세할
수 있게 되었다.

아바스
왕조가
건국되자

우리
튀르크족은
어릴 때부터
말을 타고
활을 쏴
버릇하니까,

그래도
일단 치료는
해야겠지.

따라
와.

이러한 정책적인
차이로 인해
우마이야 왕조를
'아랍 제국',

아바스 왕조를
'이슬람 제국'
이라 부르기도
한다.

군인이
되기
딱 좋지.

선생님은
그리스도교
신자이신
가요?

그래.

이
정도
상처로
엄살은,
쯧쯧.

아야야!

무슬림이
아니라서
즈지야는
내야 하지만,
수도에서
살 수 있는
데다가

불공평하던
하라즈도
무슬림들과
똑같이 내니까

훨씬 살기
좋아졌지.

이봐,
제대로
손 본 것도
아니라고.

무슬림

비무슬림

모두가
차별 없이
살게 되었으니
조금은
나아졌다고
할 수
있으니까요?

그렇
군요.

환자들
중에는
유대교나
조로아스터교
신자도
있다네.

끄응.

흐.

그렇지 않았다면 나도!

도둑질로 연명하지는 않았을 거라고…

네 녀석 시아파였느냐? 아바스 왕가가 칼리파가 되는 걸 반대하는 거로군.

그래서 왕조로부터 탄압받고 있잖아!

칼리파는 오직 알리 칼리파의 자손들만 될 수 있다고.

난 인정 못해.

엥?

음, 지금의 이슬람교는 수니파 중심이긴 하지.

수니파는 꼭 무함마드의 혈통이 아니더라도 칼리파로 즉위하는 걸 인정하는 종파다.

…

무함마드의 혈통이 가진 신성(神性)에 따라야 한다고 생각하는 시아파와

교리를 둘러싼 두 종파 간의 대립은 오늘날까지 이어지고 있다.

무함마드의 가르침과 『코란』을 따라야 한다고 생각하는 수니파,

【21세기 초의 이슬람교 국가】
수니파 다수 국가
시아파 다수 국가
기타 종파 국가

110

이 바그다드의 번영도, 그들에게는 신기루에 불과한 것인가?

여전히 시아파는 힘들게 사는 건가 ...

왕궁 밖에서는 전하가 아니라 '샤 하드' 입니다.

끼이이이익

그렇게 부르지 말아라 니까요.

또 몰래 성을 빠져나가신 겁니까?

전하!

하룬
알
라시드

786년부터
809년까지 재위한
아바스 왕조
제5대 칼리파로

아바스 왕조의
전성기를
이룩한 인물이다.

도서관을
짓겠
습니다.

세계
각지에서
책을 들여
오세요.

부족
해요.

이미
그리스의
책을 보유하고
있는데요
…

올바르게
통치하려면
다양한 지식이
필요한 법이죠.

에?

이렇게
만들어진
도서관을

'키자나트
알 히크마
(지혜의 보고)'
라고 한다.

이를 더 크게 증축하면서 '바이트 알 히크마 (지혜의 집)' 라고 불리게 되었다.

도서관을 좀 더 개선해야 겠네.

그리고 하룬의 아들 '마문'이

이세 읽을 수 있겠어.

『코란』과 같은 아랍어야.

이렇듯 칼리파의 명령으로 많은 책이 번역되면서

읽기 힘든 외국어는 아랍어로 번역하세.

사람들은 책을 통해 지식을 쌓게 되었고,

이슬람교 율법과 자연 과학을 다루는 연구가 한층 더 활발히 이루어지게 되었다.

후나인 이븐 이스하크
주일 번역관
그리스도교 신자

하지만…

이미
바그다드는
황폐해진
상태였다.

813년
내전에서
승리한 마문이
칼리파로
즉위했지만,

하룬이 죽은 뒤,
그의 두 아들인
'마문'과 '아민'이
칼리파 자리를
두고 내전을
일으켰다.

이로 인해
서서히 칼리파의
힘이 약해졌고,

칼리파
로부터
독립하는
거야.

우리에겐
강력한
군대가
있다.

왕조가
약해진 틈을 타
반란이 일어나도
이를 진압할 수
없게 되었다.

사만 왕조
건국(875)

사만

크하하, 호라산은 우리가 차지한다.

바그다드

툴룬 왕조
건국(868)
이집트 독립

아마드 이븐 툴룬

아바스 왕조
칼리파

야쿠브

사파르 왕조※
건국(861)

더 이상 바그다드에 세금을 내지 않겠어.

바그다드를 공격하라!

【900년경 서아시아 · 북아프리카 세계의 정세】

※ 건국자인 '야쿠브'가 '사파르(대장장이)'였기 때문에 이렇게 불림

그리고 10세기 초

카스피해 남쪽의 산악지대를 지배하던 부와이 가문이 거병했다.

우리 본거지는 바그다드에서 가까우니,

먼저 공격해서

우리 삼형제가 왕조를 세우자.

하산

알리

아흐마드

그리고 932년 파르스에서 부와이 왕조가 건국되었다.

945년 이들은 기세를 몰아 바그다드를 함락하고,

왕궁으로 들어가 칼리파를 압박했다.

히익!

알 무스탁피
아바스 왕조
제22대 칼리파

어이, 칼리파 나리. 알다시피 내가 시아파라서 말이야.

그, 그, 말은, 아바스 왕조의 칼리파를 인정할 수 없다는...?

그러니 살고 싶으면 내게 새로운 칭호를 내려주시지?

수니파 놈들도 납득할 만한 칭호로 말이야.

※1 총독, 사령관 정도의 지위. 이슬람 세계의 제후

아미르※1 보다 높고 군사와 조정을 관장하는 엄~청 대단한 지위라고나 할까? 하, 하, 하.

장군 중의 장군 이지!

그게 뭔데?

그, 그럼...

'대(大)아미르'는 어떤가?

에휴, 종교적인 상징성 뿐이죠.

이 무슨, 군사와 조정을 넘기시다뇨! 그럼 전하께 남은 게 없지 않습니까!

좋아! 칼리파 나리, 앞으로는 대아미르 님의 말씀을 잘 들으시라고!

칼리파와 대아미르의 관계는 일본의 천황과 쇼군의 관계와 비슷하다.[2]

꼬웅...

부와이 왕조는 기존과 다른 조세 제도를 도입했다.

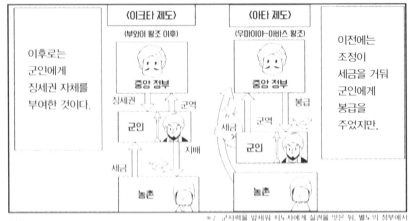

이후로는 군인에게 징세권 자체를 부여한 것이다.

〈이크타 제도〉
(부와이 왕조 이후)

중앙 정부

징세권 ↓ ↑ 군역

군인

지배

세금 ↑

농촌

〈아타 제도〉
(우마이야~아바스 왕조)

중앙 정부

세금 ↗ ↑ 군역 ↓ 봉급

군인

농촌

이전에는 조정이 세금을 거둬 군인에게 봉급을 주었지만,

※2 군사력을 앞세워 지도자에게 실권을 맡은 뒤, 별도의 정부에서 권력을 행사하는 형태. 우리나라의 부신정권과는 차이가 있음.

두두두두

그러나 겨우 한 세기 만에 다른 세력에 밀려 멸망하고 말았는데,

이렇게 부와이 왕조는 아바스 왕조를 누르고 바그다드를 지배했다.

우리 튀르크족의 힘을 보여주자! 단숨에 제압한다!

부와이 왕조 따위 겁낼 필요 없다!

그 세력은 바로 1055년 바그다드를 점령한 '셀주크 왕조' 였다.

이들도 부와이 왕조와 마찬가지로 아바스 왕조의 칼리파를 압박했다.

쉬

익

우와!

셀주크 왕조는 튀르크계 민족이 서아시아로 진출하게 된 계기를 마련했다는 평가를 받는다.

토그릴 베그
셀주크 가문

전하, 어째서 즉위하시자 마자 후계자를 정하시는 지요?

저를요?

'말리크 샤', 내 아들인 너를 후계자로 임명 하겠다.

1063년 토그릴 베그의 조카인 '알프 아르슬란'이 그의 뒤를 이어 술탄으로 즉위했다.

예.

재상, 이 나라의 발전을 위해 힘써 주게.

무의미한 후계 싸움을 피하기 위함일세.

각 도시에 '마드라사(학교)' 라는 신학교를 세운 것이다.

셀주크 왕조가 멸망한 이후에도 많은 마드라사가 세워졌고,

이 덕분에 무슬림들은 이슬람교 연구를 지속할 수 있었다.

니잠 알물크
재상

이 재상의 업적 중 하나는

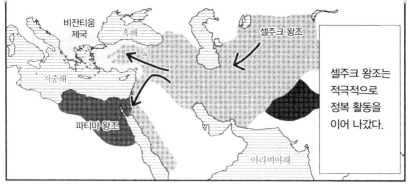

비잔티움 제국

흑해

셀주크 왕조

지중해

파티마 왕조

아라비아해

셀주크 왕조는 적극적으로 정복 활동을 이어 나갔다.

1068년 비잔티움 제국을 침공했다.

1064년 카파도키아 지역을 정복하고

※ 오늘날 튀르키예 공화국의 아시아 방면 영토

그렇기에 셀주크 왕조는 오늘날 튀르키예의 기원으로 여겨진다.

이후 많은 튀르크계 민족이 아나톨리아 반도*로 유입되었다.

황제 '로마노스 4세'의, 그대를 포로로 삼겠다.

이윽고 1071년에는 비잔티움 제국의 황제를 생포하는 데 성공했다.

러시아

몰도바

우크라이나

루마니아

불가리아

흑해

튀르키예

아나톨리아

시리아

지중해

이라크

【21세기 튀르키예】

이집트

만지케르트 전투

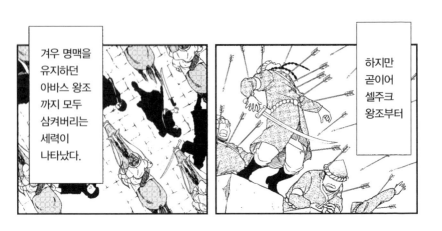

겨우 명맥을 유지하던 아바스 왕조까지 모두 삼켜버리는 세력이 나타났다.

하지만 곧이어 셀주크 왕조부터

【몽골 제국의 세력권】

칭기즈 칸

바로 '칭기즈 칸'이 세운 거대 제국, '몽골 제국'의 등장이었다.

킵차크 칸국

사라이

타브리즈

일 칸국

알말리크

차가타이 칸국

라싸

원(元)

대도

오늘날
바그다드에는
옛 모습이
남아있지 않다.

모두 사막의
모래바람에
날아가
버린 걸까…

만수르와
하룬이
이룩했던
영광스러운
유산은

아니

그렇지 않다.

나도 지금까지 연구한 역사를 기록해야겠어.

흐음, 그리스는 역사 기록을 중요하게 여긴 모양이군.

하룬과 마문이 만든 도서관 '바이트 알 히크마(지혜의 집)'에서 많은 학자들이 연구에 힘쓰며 이뤄낸 결과는

타바리
이슬람교 율법학자
역사학자

우리 의사들의 지식도 집대성할 필요가 있네.

이븐 시나
철학자·의학자

후세에까지 전해졌다.

이들이 집필한 서적들은 후대 사람들에게 많은 영향을 주었다.

특히 가장 유명한 것은

인도에서 만들어진 숫자는 무척 편리하구나.

오오, 이것…

로마 숫자와 달리

줄을 바꿔 적어도 쉽게 읽을 수 있어.

알 콰리즈미
수학자

그야말로
현대 과학을
지탱하는
기반으로써
자리매김하게
되었다.

시간이
<u>흐르고</u>
이 숫자를
전 세계가
사용하면서

'바이트 알
히크마'에서부터
퍼져 나간
이 숫자를 가리켜
'아라비아 숫자'
라고 부른다.

이들의
발자취도
역사라는
지워지지 않는
이야기가 되어.

지금도
우리의 곁에
살아 숨쉬고
있다.

천 일 동안
끊어지지
않은
이야기처럼

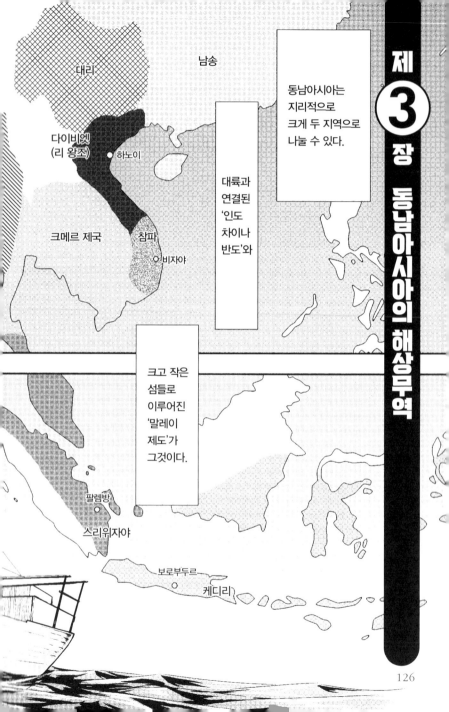

대리

남송

다이비엣
(리 왕조)

○ 하노이

크메르 제국

참파

○ 비자야

동남아시아는
지리적으로
크게 두 지역으로
나눌 수 있다.

대륙과
연결된
'인도
차이나
반도'와

크고 작은
섬들로
이루어진
'말레이
제도'가
그것이다.

팔렘방

스리위자야

보로부두르

케디리

제

3

장 동남아시아의 해상무역

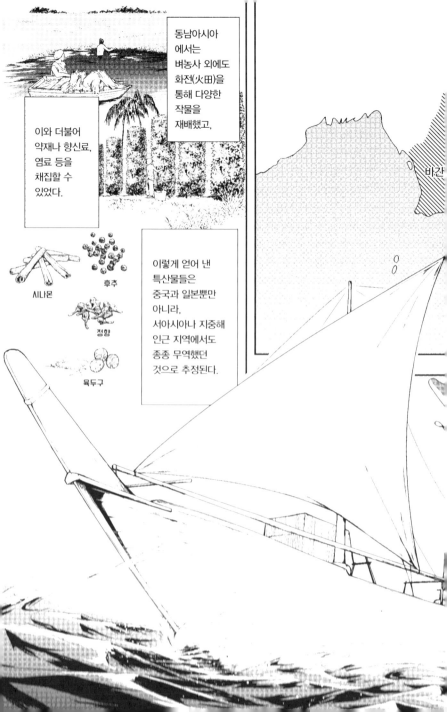

동남아시아에서는 벼농사 외에도 화전(火田)을 통해 다양한 작물을 재배했고,

이와 더불어 약재나 향신료, 염료 등을 채집할 수 있었다.

시나몬

후추

정향

육두구

이렇게 얻어 낸 특산물들은 중국과 일본뿐만 아니라, 서아시아나 지중해 인근 지역에서도 종종 무역했던 것으로 추정된다.

바간

이 시기에 어떻게 동남아시아의 특산물을
서아시아와 지중해 인근 지역에서
무역할 수 있었던 걸까?

이슬람 상인은
무슬림 중에서
상업에 종사하는
이들을 말한다.

여기에는 상인들,
그중에서도
'이슬람 상인'들의
역할이 컸다.

이들은
육로로는
중앙아시아와
아프리카 내륙,
해로로는
인도양에서
중국까지
무역로를 넓혔다.

한편 서쪽으로
향한 이들은
나일 강을 타고
카이로와
알렉산드리아까지
무역로를 넓혔다.

동남아시아나
중국의 특산물을
서아시아와
홍해 연안까지
소개할 수 있었다.

이슬람 상인은
인도 상인과도
무역했기 때문에

알렉산드리아

카이로

메카

아덴

·말
·유향
·진주

호르
무즈

·면직물
·후추

·비단
·도자기

광주
(광저우)

·후추 ·육두구
·정향 ·가죽

말라카

티그리스 강
유프라테스 강
지중해
바그다드
바스라
페르시아 만
아라비아해

12세기
후반

바스라

어이, 신입.
이리 와서
짐 나르는 거나
도와.

넵!

당시
칫솔처럼
사용했던
나뭇가지
'미스왁
(miswak)'
이다.

이 남자가
입에 물고
있는 건
담배가
아니라.

농땡이
부리지
말라.

첫
항해냐?

네.

바스라는
페르시아 만의
무역 중심지로,
7세기에 건설된
도시다.

【다우선】

이슬람 상인이 항해할 때 타던 대형 목조 범선으로, 다양한 해상 활동에 사용되었다.

나무를 끈으로 엮어 만든 선박

기름에 석탄을 개어 만든 반죽으로 이음매를 메움

진짜로 나무를 밧줄로 엮었잖아 …?

아아, 이게 다우선 이야.

오늘부터 나도 뱃사람이야.

휴우~.

여러 나라를 돌아 다니고,

훌륭한 뱃사람이 되어서

역사에 이름을 남길 거야!

내가
선장이다.

반드시
명심
하라고.

내 심기를
건드리면
상어 밥이
될 줄 알아.

곧 출항할 텐데,
이 항구로
돌아오는 건
길면 2년 정도
걸릴 거다.

좋아!
이 녀석
땅딸보니
'소맹이'로
하지!

카
하
하
하

신 분이
되니다.
세
이름은...

이,
네!

이 녀석이
이번에 들어오는
신입이냐?

하
하
하

이 배,
배꼽을
긴끼
...?

덕분에
인수이
부족해서
놨다니까.

요진
항해에서는
같이 떠난
놈들 중에
절반만
살아 돌아
왔다니까?

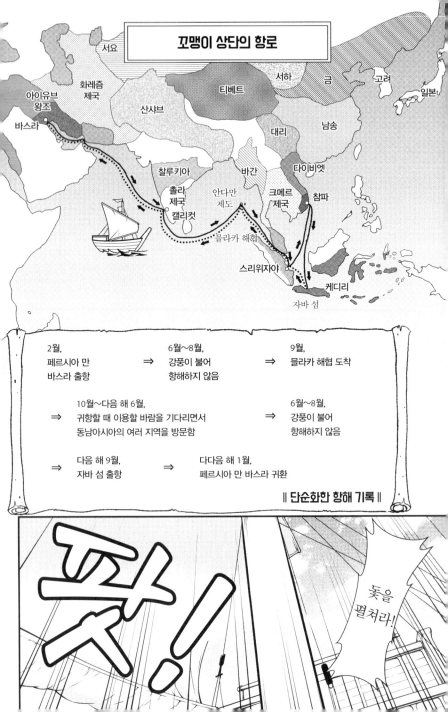

꼬맹이 상단의 항로

서요 · 화레즘 제국 · 아이유브 왕조 · 바스라 · 산샤브 · 티베트 · 서하 · 금 · 고려 · 일본 · 찰루키아 · 바간 · 남송 · 대리 · 다이비엣 · 졸라 제국 · 안다만 제도 · 크메르 제국 · 참파 · 캘리컷 · 믈라카 해협 · 스리위자야 · 케디리 · 자바 섬

2월,
페르시아 만
바스라 출항
⇒
6월~8월,
강풍이 불어
항해하지 않음
⇒
9월,
믈라카 해협 도착

⇒
10월~다음 해 6월,
귀항할 때 이용할 바람을 기다리면서
동남아시아의 여러 지역을 방문함
⇒
6월~8월,
강풍이 불어
항해하지 않음

⇒
다음 해 9월,
자바 섬 출항
⇒
다다음 해 1월,
페르시아 만 바스라 귀환

‖ 단순화한 항해 기록 ‖

인도양에서는 기원전 1세기부터 몬순을 이용해 먼 거리를 항해한 것으로 추정된다.

아마 기원 전후에 풍향을 알아차렸던 것으로 보인다.

그리스의 항해사 '히팔루스'가 발견했다고 해서 '히팔루스의 바람' 이라고도 불림

이 바람을 타면 연안을 따라가는 것보다 빠르!

북동쪽으로 부는 강한 바람 이라.

이걸 타고 동쪽으로 쭉쭉 나아가는 거지.

이 바람을 '몬순(계절풍)' 이라고 불러.

허유우

우우 우

그때 되면 알겠지. 글쎄~, 어떻게 되려나.

하하.

네에~!?

그때는 어떻게 해요?

맞바람이 되는 거잖아요!

우리가 돌아올 때는 반대로 오는 거니까...

북동풍 이면, 잠깐만요...

에잉, 쓸모 없는 놈!

또 똑바로 저것!

어서 사람이 노를 저어야 하는 거지...?

그때 되면 알겠지 라니...

뭐야, 저 녀석. 뱃멀미 때문에 전혀 못 자겠는데?

우에에엑~

그래서 선원들은 대충 누워서 불편하게 자야 해.

꼬맹아, 다우선에는 선실이 없어.

이래서 뱃사람이 될 수 있을까 …?

울렁 거려 …

별이
이렇게나
예뻤나.

와아
…

예를 들어
저기 있는
남십자성을
보면 어디가
남쪽인지
알 수 있지.

잔
기억해
둬.

아,
감사
해요.
…

우리들
무슬림
뱃사람은
숙련도에
따라
셋으로
나뉘어.

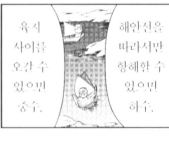

해안선을
따라서만
항해할 수
있으면
하수.

육지
사이를
오갈 수
있으면
중수.

항해할 수
있으면,
그 사람이
바로
항해의
고수야.

마지막
으로
어디서든
별을
보고

보급 때문에 잠깐 들른 거니까.

바로 출항한다.

북북

힝, 처음 기항한 육지인데 구경도 못 하다니 ….

뽀르뽀띳 껍질

인도 남부 말라바르 해안

인도

캘리컷

지금까지의 항로
앞으로의 항로

그곳에 가야 비싸게 팔릴 특산물을 살 수 있거든.

우리는 여기서 더 동쪽으로 가야 해.

인도 상인들은 기원 전후부터 바다를 오가며 동남아시아의 여러 지역에서 무역하고 있었다.

북인도 문화가 동남아시아에 전파되었다.

이후 인도 상인들이 동남아시아에 정착하면서

여긴 왕국 '스리위자야'의 중심 도시 팔렘방이야.

우와, 집들이 물 위에 떠 있어!

교역의 요충지인 믈라카 해협을 지배하고 있어 크게 번성했고, 14세기까지 나라를 유지했다.

스리위자야는 7세기 후반 수마트라 섬 남부를 중심으로 등장해 그 위세를 뽐내던 불교 국가다.

저 배는 우리 배랑 다르게 생겼네요?

정박한 배가 많지?

【정크선】

정크형 범장※1

10세기경 송(宋)을 중심으로 중국에서 건조된 원양 항해용 대형 목조 범선

용골※2

다우선은 이슬람·인도 상인. 정크선은 중국 상인이 주로 타고 다님

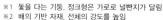

※1 돛을 다는 기둥. 정크형은 가로로 널빤지가 달림
※2 배의 기반 자재. 선체의 강도를 높임

저건 '정크선' 이야.

야호! 팔렘방 상륙이다!

떡썩

먼저 일부터 해!

어러 나라를 오가며 다양한 사람들을 만난 데니까.

꼬맹이, 너도 배를 타다 보면 자연스럽게 익히게 된거다.

선장님, 중국어를 할 줄 아세요?

남송의 상인 들은, 자기들도 쓰지 않은 싸구려 도자기를 가지왔어.

상품은 어떻던 가요?

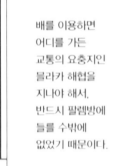

배를 이용하면 어디를 가든 교통의 요충지인 믈라카 해협을 지나야 해서, 반드시 팔렘방에 들를 수밖에 없었기 때문이다.

인도인

무슬림

현지인

중국인

이 무렵 팔렘방에는 여러 나라 사람들이 왕래했다.

사람이든 물건이든, 반드시 이곳 믈라카 해협을 지나가야 하니까 오며 가며 사 가는 거지.

여기서 가져왔나 봐요.

선장님, 저 향신료 바스라에서 팔던 거예요!

그게 자랑할 일이람?

크하하하

'한 방 먹여 주마!'는 30개 국어로도 가능하고 말이야.

우와…

참고로 나는 7개 국어를 할 수 있다.

그곳에서 '왕에게 바치는 진상품'이라는 명목으로 세금을 내야 했다.

부두에 설치된 다리에는 징수인의 창고가 있었는데,

남은 건…

선장님, 구입한 무역품을 모두 실었습니다.

이제 세금을 낼 차례인가.

흥.

이는 스리위자야가 거둬들인 세금을 노리고 일어난 일이었다.

참고로 1025년 남인도의 촐라 제국이 스리위자야를 침공해 약탈을 벌였다.

또 이건 정박료,

수출세다. 확인해 봐.

먼저 통행료,

절그럭

지긋

주면 될 거 아냐! 이걸로 가족들 맛있는 거라도 사 먹이던가! 제기랄!

아, 알았 다구!

콰앙!

ㅇㅇ ~!

그걸 달라는 건가!

선장, 그걸로는 부족한가 본데요.

뇌물을 얹어주면 더 빨리 처리해 주거든.

선장만 열불 터지는 거지.

싱긋

벌써요 !?

출항한다.

홍, 이제 볼일은 끝났어.

좌아아아아…

신입이면 시키는 일이나 잘 해!

네!

시장에 잠깐 들러보면 안 될까요?

아… 시시…

다음 항구에서 좋은 물건을 찾으면 되지, 뭐.

괜찮아...

그 나라들에서도 세금을 내야 하나요?

물론이지.

곧 참파에 도착해.

거기서 더 가면 '남송'이고.

응? 뭐가요?

꼬맹이 너, 다우선을 다루는 방법 못 들었어?

하하하. 재미있네.

노 젓는 건 싫은데...

?

뭐, 차차 알게 될거다.

그럼 이제 맞바람을 맞게 되겠네요?

그리고 다시 남쪽으로 내려와 돌아가는 거지.

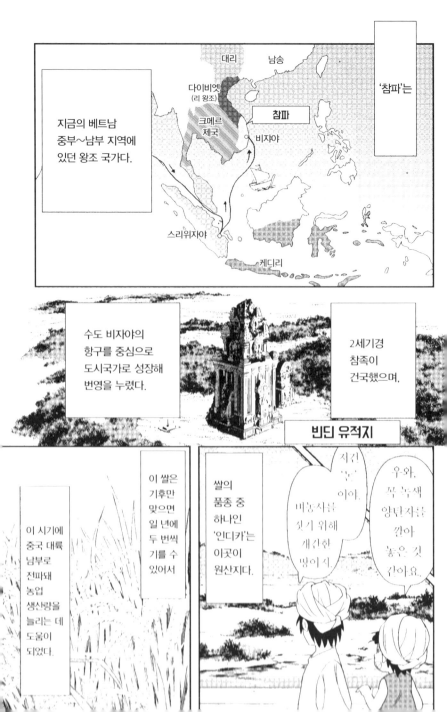

'참파'는

지금의 베트남 중부~남부 지역에 있던 왕조 국가다.

대리

남송

다이비엣
(리 왕조)

참파

크메르
제국

비자야

스리위자야

케디리

2세기경 참족이 건국했으며,

수도 비자야의 항구를 중심으로 도시국가로 성장해 번영을 누렸다.

빈딘 유적지

이 시기에 중국 대륙 남부로 전파돼 농업 생산량을 늘리는 데 도움이 되었다.

이 쌀은 기후만 맞으면 일 년에 두 번씩 기를 수 있어서

쌀의 품종 중 하나인 '인디카'는 이곳이 원산지다.

시간

이야.

벼농사를 짓기 위해 개간한 땅이지.

우와, 꼭 녹색 양탄자를 깔아 놓은 것 같아요.

당시 지어진 사원 등의 건축물에서 인도 문화의 특징을 찾아볼 수 있다.

참파는 중국 문화에 많은 영향을 받다가, 인도와의 무역이 활발해지면서 인도 문화의 영향을 받게 되었다.

드엉롱 탑

여기서 북쪽에 있는 나라들은 중국 문화의 영향을 더 많이 받은 모양이야.

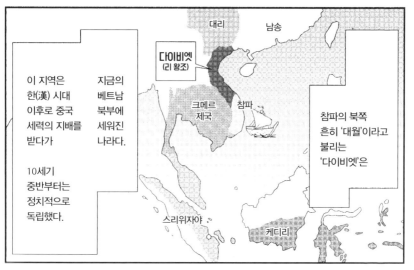

대리

남송

다이비엣
(리 왕조)

크메르 제국

참파

스리위자야

케디리

이 지역은 한(漢) 시대 이후로 중국 세력의 지배를 받다가

지금의 베트남 북부에 세워진 나라다.

10세기 중반부터는 정치적으로 독립했다.

참파의 북쪽 흔히 '대월'이라고 불리는 '다이비엣'은

리 트엉 끼엣
리 왕조 장군

송의 군대

이들은
중국 세력인
송(宋)의 침입을
물리쳐 독립을
지킬 수 있었다.

1009년에
건국된 리 왕조는
중국 세력의 영향을
받지 않는
안정된 국가였다.

1225년
리 왕조가
몰락하고
'쩐 왕조'가
들어섰다.

이들은
끈질기게 저항했고
그 결과 나라를
지킬 수 있었다.

13세기 후반
원(元)이
세 차례나
침공해
왔으나,

리 꽁 우언
리 왕조 태조

이를 '쯔놈(字喃)'
이라고 하는데,
한자를 기반으로
형성된 글자다.

쯔놈

쩐 왕조 대에는
베트남어를
표기할 수 있는
표기문자가
만들어졌다.

탕롱 황성

호오, 자네.
크메르 제국에
가본 적이
있다고?

참파의
수도
비자야

나도
참전한 적이
있지.

우리나라와
자주 전쟁을
벌이거든.

크메르 제국

다이비엣
(리 왕조)

참파

스리위자야

케디리

크메르 제국은
메콩 강
중류 지역에
크메르족이 세운
나라로,

수도인
앙코르를 중심으로
크게 번성해
12세기~13세기에
전성기를 맞이했다.

수도에
성벽을 쌓고
있다지,
아마?

돌벽으로
둘러쌓아
성채도시로
만든다고
하더군.

12세기 후반~
13세기 초
수도인 앙코르에
만들어진 성채로,
그 중심부에는
바이욘 사원이 있다.

앙코르
톰

'앙코르
와트'에도
갔었지.

이들의 토속 종교는
인도에서 전파된
힌두교(시바파·
비슈누파)와

불교 등을
변형하고
합친
형태였다.

뭐?

동남아시아의
종교는 무역 등을
이유로 사람들이
왕래하고,

다양한 신앙이
섞이면서
독자적인 형태로
발전했다.

크메르
제국도
예외는
아니었다.

크메르의
미소

주변을 에워싼
조그만
위성 사원
이라면서?

그게
설명
이야?

앙코르 와트

12세기 초에 만들어진 힌두교 사원으로, 주변이 해자로 둘러싸여 있다.

왕을 비슈누 신으로 묘사하고 있어 신성시했던 것으로 추정된다.

안타깝네만, 꿈으로 남겨둘 수밖에 없지 않겠나.

사실 앙코르 와트에 가보고 싶어서 배를 탄 거였거든.

하긴 그곳은 내륙에 있으니까.

부럽군, 나도 가보고 싶었는데…

뱃사람 들은 좀처럼 방문할 기회가 없지.

앙코르 지역의
기후는 우기와 건기로
확연히 구분돼서,

우기 때
최대한 많은 양의
빗물을 저장해야
건기 때 담수로
활용할 수 있다 보니
수리 기술이 발전하게
된 것으로 보인다.

이렇게
발전한 뛰어난
수리 기술은
앙코르 와트를
지을 때도
활용되었다.

네…,
여기.

돈은
있어?

잘그락

이 보석을
사고 싶은데,
안 판다고
해서요….

잘그락….

소맹이,
무슨
일이야?

아….
선배님.

은화로 사려면 큰 자루 하나 정도는 줘야 팔 거래.

다만 돈이 적다 는군.

꼬맹이, 너 돈을 가지고 있었냐?

서… 선장님.

이리 내.

이…, 이건.

새까맣게 어린 놈이 신망 시계.

잇!

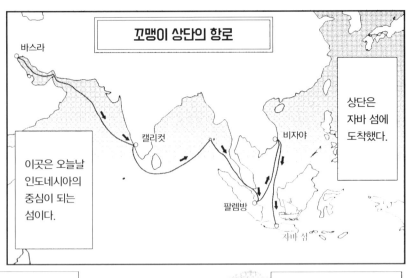

꼬맹이 상단의 항로

바스라

캘리컷

비자야

팔렘방

자바 섬

이곳은 오늘날 인도네시아의 중심이 되는 섬이다.

상단은 자바 섬에 도착했다.

또 다른 왕국 케디리가 지배하던 시기였다.

꼬맹이 상단이 방문한 이 무렵은 8세기 후반~9세기경에 스리위자야를 무찌르고 번성했던 왕국 '샤일렌드라'가 몰락하고,

난 6월부터 8월까지는 강풍이 불어나 지니 그 이후에 출항한다.

신고 싶었던 항해도 끝이다.

이제 삼으로 놀아 가니.

1배까지 자바 삼에서 내리하는 복 해미.

산책 이라도 나가자.

…

쓸모없다고 바다에 버려져도 상관없어요, 이젠.

…

어차피 맞바람 맞으며 노나 저을 텐데요, 뭐.

왜 이렇게 기운이 없어?

이는

사람들이 즐기는 오락에서 확인할 수 있다.

자바 섬도 인도 문화를 받아들였던 것으로 보인다.

띠링 띠링 띠링

띠링

띠링

띠링

...
어라?
꼬맹아?

어때,
기분은 좀
풀렸어?

하하,
여러
나라에서
보러
오거든.
너는
이슬람
상인
이니?

내 말을
알아
들었어!

거기,
꼬마 손님.
서쪽에서
온 뱃사람
이구나?

하지만
신을
묘사해도
괜찮은
걸까?

정말
재밌었어.

우리 자바 섬의 와양 쿨릿은 여러 종교의 영향을 받아 만들어졌지.

인도

불교

시바파

비슈누파

동남아시아

우리는 무슬림이 아니라서 신을 묘사해도 괜찮단다.

인도 신화는 동남아시아 사람들에게도 친숙했다.

아 혹시, 캘리컷 말씀이신가요?

둘 다 네가 이곳에 올때 들렀던 여러 지역의 신화란다.

《라마야나》[2]의 인기가 좋단다.

방금 본 《마하바라타》[1]나,

※1 역사와 신화, 가르침을 융합한 인도의 대표적인 영웅 서사시
※2 코살라의 마하라자(대왕) '라마찬드라'의 일대기로, 인도의 대표적인 영웅 서사시

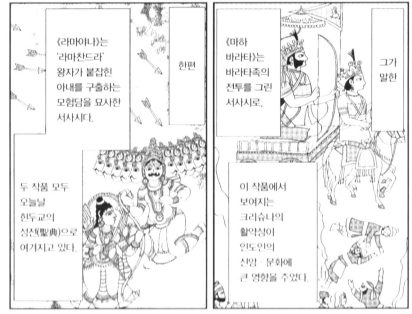

《라마야나》는 '라마찬드라' 왕자가 붙잡힌 아내를 구출하는 모험담을 묘사한 서사시다.

한편

두 작품 모두 오늘날 힌두교의 성전(聖典)으로 여겨지고 있다.

《마하바라타》는 바라타족의 전투를 그린 서사시로,

그가 말한

이 작품에서 보여지는 크리슈나의 활약상이 인도인의 신앙·문화에 큰 영향을 주었다.

159

우리 이슬람 상인처럼 다른 종교를 믿는 상인들도 자바 섬에 온다는 거구나.

이렇듯 동남아시아 지역은

인도와 유사한 문화적 특징을 지녔다.

선배님?

어라 …?

같이 인형극을 보러 갔었는데,

뭐? 꼬맹이가 없어져?

아직도 돌아오지 않았어요.

우와.

엄청
크다
…

지붕이
전부
뾰족뾰족
하네?

보로부두르
사원

9층 석탑에
불교에서
생각하는
우주를 표현
했는데,

여러 번의
수리와
증축을
거치며
거대해졌다.

8세기경
샤일렌드라가
자바 섬을
지배하던 시절에
건축된 사원으로,

경전의 내용을
바탕으로
부조로 조각돼
있다.

한눈 팔지 말라고.

엄청 커다란 사원이네.

프람바난 사원

약 30개의 석조 사원으로 이루어져 있으며, 9세기경에 건축된 것으로 추정된다.

도시 욕야 카르타의 프람바난 사원은

함께 세워져 있다.

이 광대한 사원 터에는 힌두교 사원과 불교 사원이

어~이! 꼬맹아!

바다 위도
아니고
이런 곳에서
죽게
되다니.

섬의
북쪽이었던
것 같긴
한데…

도대체
어느 쪽이
항구인
거지?

흑
…

흑
…

절대
아버지처럼
연락도 없이
죽지는 않을
거예요!

걱정
마세요!

훌륭한
뱃사람이 돼서
돌아올
테니까요!

알았어, 방향을 알겠다고!

그래…!

방향을 알려주는 남십자성!

시간…

저기
…

어이, 꼬맹아. 여기까지 어떻게 돌아왔냐?

당장 이리로 데려와.

뭐? 꼬맹이가 돌아 왔다고?

매일 밤 바다에서 봤던 기억이 나서요 …

별을 보고 방향을 알 수 있었어요.

그, 그게

탕

왜 자? 후다다다 …?

이쪽 이야.

휴…. 따라 와라.

이 보따리에는
후추가
들어 있지.

하지만
후추는
달라.

도자기나 면직물,
보석 무역은
웬만한 안목을
갖추지 않으면
덤터기 쓰기
십상이다.

비싸게
팔 수 있는
데다가
어차할 때는
돈 대신
쓸 수 있지.

꼬맹이,
네
몫이다.

우리 이슬람 상인들이 연결해 왔지.

문화나 종교, 학문… 즉 가치관은

여러 나라 사람들이 모여들다니!

굉장 했어요!

어때, 첫 항해의 소감은?

예를 들어 저 너머에 있는…

우리는 마음만 먹으면 어디든 갈 수 있어.

'한자'를 쓰는 나라지.

남송…

남송 까지도 말이야.

바람을
타고

인도양을
오가던
상인들.

좌아 아 아 아 아

수백 년
더 앞선
일이었다.

이는
'대항해시대'
라고 불리던
시대보다

송
(宋)

중국 왕조의 역사

연도	왕조		
기원전 ?~16세기경	하(夏)※1		
기원전 16~11세기경	은(殷)		
기원전 1120~771년경	서주(西周)		
기원전 770~221년경	동주(東周)	춘추 시대	
		전국 시대	
기원전 221~206년	진(秦)		
기원전 206년~기원후 8년	전한(前漢)		
25년~220년	후한(後漢)		
220년~265년	삼국 시대		
265년~316년	서진(西晉)		
317년~589년	동진	5호 16국 시대	
581년~618년	남북조 시대		
618년~907년	수(隋)		
907년~979년	당(唐)		
960년~1127년	5대 10국 시대		
1127년~1276년	송(宋)	요(遼)	
1271년~1368년	남송	서하(西夏) · 금(金)	
1368년~1644년	원(元)		
1636년~1912년	명(明)		
	청(淸)		

조광윤
송(宋)의 태조

174

이는 당시 농업 생산량이 크게 호전된 덕분이기도 했다.

1억 명

한(漢) 시대에 약 6천만 명이었던 중국 대륙의 인구수는 이 시기에 들어서면서 약 1억 명을 넘어서게 되었다.

10세기 후반부터 약 300년 동안, 중국 대륙을 다스린 왕조다.

한편 농업 기술의 발달,

이기작*이 가능한 인디카의 도입,

강남* 지방의 개발 등으로

사람들의 생활이 개선되면서 문화적으로 진보하던 시기이기도 했다.

하지만 송이 탄생하기까지 중국 대륙은 격렬한 전란의 시대를 거쳐야 했다.

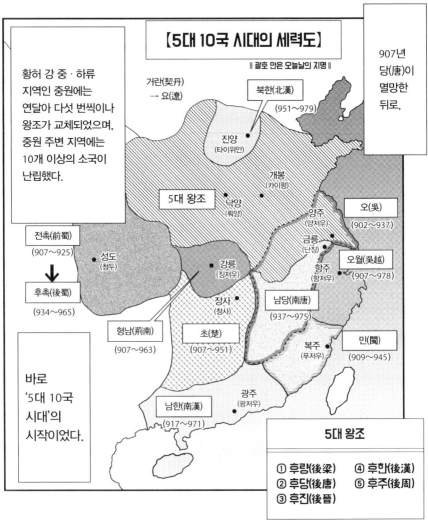

【5대 10국 시대의 세력도】

‖ 괄호 안은 오늘날의 지명 ‖

907년 당(唐)이 멸망한 뒤로,

황허 강 중·하류 지역인 중원에는 연달아 다섯 번씩이나 왕조가 교체되었으며, 중원 주변 지역에는 10개 이상의 소국이 난립했다.

바로 '5대 10국 시대'의 시작이었다.

거란(契丹) → 요(遼)

북한(北漢) (951~979)

진양 (타이위안)

개봉 (카이펑)

5대 왕조

낙양 (뤄양)

양주 (양저우)

오(吳) (902~937)

금릉 (난징)

전촉(前蜀) (907~925) ↓ 후촉(後蜀) (934~965)

성도 (청두)

강릉 (징저우)

항주 (항저우)

오월(吳越) (907~978)

장사 (창사)

남당(南唐) (937~975)

형남(荊南) (907~963)

초(楚) (907~951)

복주 (푸저우)

민(閩) (909~945)

남한(南漢) (917~971)

광주 (광저우)

5대 왕조

① 후량(後梁)　④ 후한(後漢)
② 후당(後唐)　⑤ 후주(後周)
③ 후진(後晉)

무엇보다도 전란의 시대를 끝내야만 한다.

5대의 마지막 왕조는 '후주'였다.

후량 (시조) 주전충	907
후당 (시조) 이존욱	923
후진 (시조) 석경당	936
후한 (시조) 유지원	947
후주 (시조) 곽위	951

5대 왕조는 무인 출신인 왕과 관료들이 강압 정치를 벌인 탓에 모두 빠르게 멸망했다.

세종※
후주 제2대 황제

※ 후주의 태조 '곽위'의 양자로 본명은 '시영'

북방의 이민족이 아닌 중원을 차지한 나라가 되겠다는 심산이로군.

근래에는 국호까지 '요'로 바꾸었다고 합니다.

그러나 폐하, 북방의 거란이 문제입니다.

어린 아들 '공황제'가 뒤를 이었다.

그러나 북벌 도중 병사 하면서

제2대 황제인 세종은 명군이자 명장으로 유명했다.

원성을 떠나 북방을 안정시킬 것이다.

그러나 어린 황제를 죽이고 그 자리를 빼앗는 것이 과연 옳은 일인가?

아니, 그건 아니다.

내키지 않으신 겁니까?

그리고 금방 멸망하고 말았지.

지금까지 모두 제위를 찬탈하지 않았느냐?

그게 문제다.

형님! 지금은 난세입니다.

제가 병사들을 선동하겠습니다.

그렇다면 병사들이 도전님을 지지하는 목소리를 내면 되겠군요.

그게 가능하겠나?

글쎄, 내가 직접 나설 수는 없네.

그럼 어떻게 해야 하니까?

이곳에 밀려 즉위하니 명분이고!

흠, 황제라…

국호는 '송(宋)'으로 하자.

내가 송주[2]의 절도사[3]도 맡고 있으니까.

※2 지금의 중국, 상추 시 일대
※3 지방의 군사·재정을 총괄하던 관직, 일종의 사령관 직책

며칠 후

진교 (陳橋)[1]

조광윤이 이끄는 북벌군 진영

※1 지금의 카이펑 시 동북부

이 두 가지는 반드시 지켜서 찬탈을 위한 거사가 아님을 확실하게 밝혀야 한다.

그리고…

백성들의 재산을 약탈하지 않을 것,

공황제 및 그 일족과 대신들을 죽이지 않을 것,

계획대로면 지금쯤 와야 하는데?

그리고는 무슨, 왜 이렇게 안 와?

조광윤은 애주가였다고 한다.

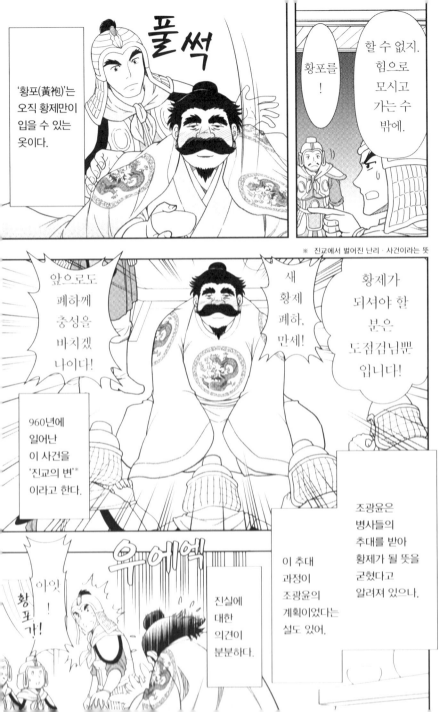

풀썩

'황포(黃袍)'는
오직 황제만이
입을 수 있는
옷이다.

할 수 없지.
힘으로
모시고
가는 수
밖에.

황포를
!

※ 진교에서 벌어진 난리 · 사건이라는 뜻

앞으로도
폐하께
충성을
바치겠
나이다!

새
황제
폐하,
만세!

황제가
되셔야 할
분은
도점검님뿐
입니다!

960년에
일어난
이 사건을
'진교의 변'
이라고 한다.

조광윤은
병사들의
추대를 받아
황제가 될 뜻을
굳혔다고
알려져 있으나,

이 추대
과정이
조광윤의
계획이었다는
설도 있어.

유에엑

이잇
!
황
포
가!

진실에
대한
의견이
분분하다.

또한 민가의 약탈을 금지한다!

수도에 입성해도 공황제와 그 일족은 꼭 살려 두거라.

아이고 머리야, 숙취가...

다음날 아침, 조광윤은 병사를 이끌고 수도 개봉으로 향했다.

그렇기에 조광윤의 무혈 혁명은 매우 드문 일이었다.

망국의 통치자와 그 일족을 전부 없애는 것이 5대 10국 시대의 상식이었다.

조광윤은 공황제에게 선양을 받아 송의 황제로 즉위했다.

960년 송(宋) 건국

우선 과거제부터 손봐야겠습니다.

오오, 그럼 반란도 줄어들겠군요.

힘보다 학문을 우선시하는 세상을 만드는 거다.

'과거제'

유능한 관료를 선발하기 위해 시행된 시험으로, 남자라면 신분에 상관없이 누구나 응시할 수 있었다.

수(隋)의 황제 '문제'가 도입한 관리 등용 제도를 말한다.

이에 태조는 공평하고 객관적인 시험이 되도록 개편을 단행했다.

실력주의

기회 균등

쿠—웅

시험 전 물밑 작업

흠흠, 알겠네.

잘 좀 부탁드립니다.

고위 관료나 인맥이 있는 귀족의 아들에게 유리함

그러나 당(唐) 시대에 들어서면서 귀족에게 유리한 시험으로 변질되기 시작했다.

어느 마을

오십이 넘어서도 계속 떨어지는 사람도 있다더군요.

합격하기가 바늘 구멍을 통과하는 것보다 어려우니, 원.

걱정 마세요. 이번엔 꼭 급제하실 거예요.

당신에겐 늘 고생만 시키는군요.

고마워요.

열심히 내조한 테니 힘내요, 여보!

그치만 요즘은 실력 위주로 채용하고 있대요.

응시자 수	장소	명칭
수십만 명	사는 지역	해시 (解試)
만여 명	수도의 예부 시험장	성시 (省試)
수백 명	황제 앞	전시 (殿試)

과거 시험의 구조

태조 때부터 시행한 시험

급제

됐다! 해시에 합격 했어!

이윽고

이미 밑 닦은 지인 지예요.

이식 중에에서 시인 시험이 남았어요.

성만 이에요?

이 무슨
무례한!
거절
하겠소!

음?
아내가
있나?

어떤가, 크게 될
사위가 인재
되지 로다.
않겠나?

이혼하게.
위자료는
내가
내어주지.

안녕하신가?
해시 성적이
우수한 인재라고
들어 찾아왔소.

※1 일종의 월급. 다만 이 당시에는 계절이나 연 단위로 받았음
※2 학문을 권하는 문장. 원문은 '書中自有千種祿 / 書中有女顔如玉'

【과거 시험 합격자 발표】

당시에는 1차 시험인
해시에만 합격해도
지역의 유력자들에게
축하 선물로 큰돈이나
집, 전답 등을 받을 수
있었고, 하급 관리로
등용되기도 했다.

'책 속에 자연히
천 가지의
녹봉※1이 있고,
책 속에 얼굴이
옥처럼 아리따운
여자가 있다.'

제3대 황제
'진종'이 남긴
'권학문'※2의
일부분이다.

※3 교양이 있는 사람 또는 문화생활을 누리는 사람

이윽고
사대부들은
왕조를
뒷받침하는
지도자
계층으로
성장했다.

【사대부의 조건】

〈정치〉
관료

〈경제〉
지주

〈문화〉
독서

땅을 수여받아
지주가 되고
사람들로부터
문화인※3으로
여겨졌다.

이들을 '사대부'
라고 부른다.

또
과거에
급제
하면

특히 '소식(蘇軾)'
이라는 인물은
뛰어난 정치가인
동시에
서예가·화가로서
후대에 이름을 떨쳤다.

사대부는
정치뿐 아니라
문화의 혁신도
주도했다.

또한 사대부들은
유학을 공부하고,
'송학(宋學)'을
발전시켰다.

※ 네 권의 유교 경전, 『논어(論語)』, 『맹자(孟子)』,
『대학(大學)』, 『중용(中庸)』을 가리킴

송학은
12세기에 들어
유학자 '주희'에 의해
체계적인 우주 철학
으로 완성되었다.

이를
'주자학
(성리학)'
이라고
한다.

주희
유학자·관리

우주 만물의
올바른 본질
(이치)에
다다르고자
하는 학문으로,
'주돈이'라는
인물이
창시했다.

송학은
송 시대에
형성된
유학의
한 갈래를
말한다.

오랜 기간
정통 유교로
취급되면서
조선과 일본의
사상에도 큰
영향을 주었다.

경전
중에서도
특히
'사서'※를
중시하는
주자학은

주돈이
유학자·관리

사대부들은
유학의 발전을
밑거름 삼아

학문을 통해
올바른
사회 질서를
실현하고자
했다.

과거제를
바탕으로 성립된
문치정치가
바로 그 결과물이라
할 수 있겠다.

이것이
내가 바라던
정치다.

5대 10국
시대를
종식하고
오랜 기간
치세를
이어갔다.

조광윤이
세운 왕조
송은,

건국 으로부터 약 100년 뒤

1058년 수도 개봉

왕안석

22살의 나이로 과거에 급제한 수재

짹, 짹 짹…

등청해야 할 시간이군…

벌써 아침인가…?

※1 송(宋) 인종 대의 장군이자 재상

음.

좋은 아침입니다, '한기'※1 님.

밤새 공부하느라 바빠 죽겠구만.

거기 자네,

자네는 아침부터 꼴이 그게 뭔가?

그는 오해받기 쉬운 성격이었다.

그럴 시간에 책이라도 한 권 더 읽게나.

밤새 놀기라도 했나 보군.

그보다 관료들의 월급이 너무 많소.

농사는 풍작이지 않은가.

새참 나이 심각하니다.

무엇보다 '세폐'가 가장 큰 문제 이시요.

이 시기의 송은 큰 전란이 벌어지지 않아 평화로웠지만,

커다란 문제가 하나 있었다.

※2 지금의 내몽골 자치구 바린 좌기 현
※1 튀르크계 민족인 위구르족이 세운 나라

송이 북방의 강국인 요(遼)에 보내던 공물을 말한다.

여기서 언급된 세폐는,

요(遼)

상경 임황부*

카라한 칸국*

서하

세폐

개봉

송(宋)

대리

그로부터
10년 후

새로
즉위하신
황제
폐하께서
뵙고 싶다
하시오.

황궁으로
입조하라는
황명이오.

무슨
일이오?

그대가
왕안석
이오?

...

어차피
내 생각 따위
중요치 않지
않소?

이유가
무엇
이오?!

예?

싫소.

...

선비께서는
이런 시골에
머무실 분이
아닙니다.

나라를
위해 힘써
주시게.

어서
가세요,
선비님.

폐하께서는
왕 공의
개혁안을 높이
평가하고 계시오.

그보다
이건
황명이오!

왕 공,
그렇지
않습니다.

거절.

고개를 들라. 그대에게 재정을 회복할 묘안이 있는가?

1068년 왕안석은 새로 즉위한 황제를 알현했다.

신종
송(宋)의 제6대 황제

그러나 그것만으로는 부족합니다.

예, 폐하. 관료들 대부분은 국가 재정을 개선해 불필요한 지출을 줄여야 한다고 이야기할 것입니다.

그리하면 나라의 수입은 저절로 늘어날 것입니다.

먼저 백성이 부유해야 합니다.

'천하의 힘으로 천하의 재화를 낳는다'[1]

※1 만언서의 한 구절 '因天下之力 以生天下之財'

1070년 왕안석은 재상의 자리에 올랐다.

예?!

흥미롭구나. 그대의 뜻을 마음껏 펼쳐 보아라.

그렇군…

그러니 농민의 부담을 줄이고 지원하는 정책을 펼쳐야 하옵니다.

이때부터
왕안석이 실시한 일련의 개혁을
'신법(新法)'이라고 한다.

이번에 자네들에게 돈과 종자※2를 빌려주는 법이 생겼네.

나리, 이것으로 무얼 하면 될까요?

예?

엥? 볍씨?

〈신법〉
① 청묘법
(青苗法)

※2 식물의 씨앗. 대체로 농작물의 씨앗을 의미함

그럼 이제 종자를 사기 위해 돈을 빌릴 필요가 없네요?

이자를 뺀 나머지 수확물을 모두 자네들 몫이네.

이보게, 이자 십시고!

그게 아닌세!

아, 그렇다면 잘 보관해 두겠습니다.

그 볍씨로 농사를 지어 갚으라는 소리일세.

그긴 보관해서 어찌 갚으라는 게야.

심민요?

농사을 지어 갚으면 된다고요?

엥?

시역법
(市易法)

장병법
(將兵法)

보갑법
(保甲法)

과거제
개혁

농전
수리법
(農田
水利法)

이외에도
왕안석은
다양한 신법을
제정했다.

그건 바로
폭리를 취하던
거상과 지주들
이었다.

무턱대고
값을 올릴
수도 없고
말이죠.

청묘법 때문에
고리대금업자
들이 다 망하게
생겼어.

하지만 신법에
반대하는
이들도 있었다.

이 구법파의
당수는
유학자이자
정치가인
'사마광'이었다.

사마광
유학자·정치가

종래의
제도와
관습을
무시하고
있잖소!

조상을
존경하기도
해야가!

신법에
반대하는
무리들은
조정에도
있었다.

이들을
'구법파'
라 한다.

왕안석은
이렇게
주장했다.

'천재지변은
두려워할
것이
못 된다'※

천재지변은
어디까지나
자연현상일뿐,
인간 사회와는
아무런 관련이
없다.

그러나
그를 향한
비판은 더욱
거세졌다.

※ 왕안석이 주장한 삼부족론(三不足論) 중 하나인 '天變不足畏'
  자연재해, 조정의 관례, 언론의 눈치를 보지 않고 개혁에 힘써야 한다는 주장

뒤이어 재상으로
임명된 사마광은
신법을 완전히
폐지했다.

결국
왕안석은

백성들이
굶주린다는
소식을 들은
황제는 신법에
의문을 품었고,

재상의
자리에서
물러났다.

12세기 초

봐라.

실로 훌륭한 정원이 아니냐.

휘종은 예술가 기질이 다분한 황제였다.

더 많은 예술품을 가지고 싶구나.

맡겨 주십 시오. 소신, 안목에는 자신 있습니다.

채경
재상

저건 '태호석'※1 이군요. 참으로 아름답 습니다.

휘종
송(宋) 제8대 황제

※1 중국 쑤저우 시 근방의 타이후 호에서 채굴되는 구멍 뚫린 검은 돌. 장식용으로 많이 사용됨

『수호전 (水滸傳)』※2 에서도 악역으로 그려졌다.

송 시대를 배경으로 전개되는 중국의 고전 소설

채경은 권력욕이 강하고 악명이 자자했던 인물로,

임충

송강

노지심

사진

※2 명(明) 시기 '시내암, 나관중'이 지음

어르신, '한림 도화원'※3 에는 어쩐 일이십니까?
여기 '장택단' 있는가?
음, 명령일세.
장 화공※4 후세에 길이 남을 명화를 그려 오게.
예에!?
가, 갑자기 그런…?
폐하께 헌상할 그림이니 열심히 하게.
예에!?
도대체 뭘 그려야 하죠?
화공이면 알아서 그려 와!

큰일이네….

※3 '翰林圖畫院', 궁정 화가들이 소속된 기관으로, 젊은 화가의 교육도 담당함
※4 과거에 그림을 그리는 '화가'를 이르던 말

어쩌면 이곳 '개봉'을 돌아 다니다 보면
좋은 생각이 떠오를지도 몰라. 여기가 바로 세계 제일의 도시잖아?

송의 수도인 '개봉'은

수(隋) 시대에 만들어진 대운하와 황허 강이 만나는 곳에 형성된 도시로,

5대 10국 시대에 들어 대도시로 성장했다.

황허 강

서해

개봉
(카이펑)

대운하

양쯔 강

화이허 강

영차, 일본에 내다 팔 물건이오.

헤에, 인가? 물건이 많네.

선착장

이거 시장이 기대되는 걸?

세계 곳곳에서 무역하네.

웅성
웅성
웅성
웅성

동전이나 도자기를 가지고 가서

금이나 도검으로 바꿔 오지.

오, 일본?

도자기

도검

남쪽에서는 침향과 향신료를 들여올 거요.

침향(향나무)

후추

이야, 성벽 안쪽은 활기가 넘치네.

고려에서 들어온 인삼 좀 보고 가! 거기, 형씨!

효과 만점이야!

지금은 돈이 얼마 없어서…

에이, 품에 그건 '교자' 아니요?

저기 '교자포'에서 교환하면 됩니다요~.

윽, 눈치 한 번 빠르네.

'교자(交子)'는 일종의 지폐로,

어음*으로 대금을 지급하던 것에서 유래되었다.

이는 귀금속이 아닌 형태로 유통된 세계 최초의 지폐였다.

무거워!

교자포 = 환전소

사뿐사뿐해!

* 일정한 금액을 지불할 것을 약속한 표. 종이 · 천 등에 적은 뒤, 절반을 찢어 보관하다가 남사자 또는 제삼자에게 돈을 받음

개봉에 있더라도 눈도화위에 몸이바쳐 그나마 그러려나 모았는데.

상반 화기가 난치는 곳이 네요.

무슨 소리! 이신 식사에 붉게 하죠.

밤거리를 사님이 보세요. 개봉은 밤이 진짜에요!

밤?

송의 수도 개봉은 야간 통행이 금지되지 않아서 밤에도 사람들로 넘쳐났다.

당(唐)의 수도 '장안'과 달리,

이 정도면 당 때보다 훨씬 번성한 게 아닐까?

대단해!

왁자

지껄

왕성

왕성

온

오

즈

즈

아, 예.

이미모!

무심하셔!

정말요? 그럼 저는 어때요?

네, 그림의 주제로 삼을만한 걸 찾으러 돌아다니는 중이죠.

어머~, 손님. 화공이신가 봐요?

뭘 그려야 할까요 ...?

그런데 그리고 싶은 주제가 너무 많아서 어렵네요.

바로 그거야!

그래, 맞아.

전부 ...!

그럼 그냥 그리고 싶은 걸 전부 그리면 되잖아요?

그렇게
완성된
그림이

「청명상하도
(清明上河圖)」.

화공 장택단이
그린 이 그림은,
송 시대
회화의 최고
걸작으로서

오늘날
중국의 베이징
고궁박물원에
소장돼 있다.

어떠
십니까,
폐하?

과연.

번성한
개봉의 모습이
대대손손
전해지겠구나.

후후.

그러나

얄궂게도
바로 이 무렵,
송은 몰락의 길로
들어서고 있었다.

1118년

뭐라!

폐하, 신에게 좋은 생각이 있사옵니다.

연운 16주를 되찾아 올 방책이옵니다.

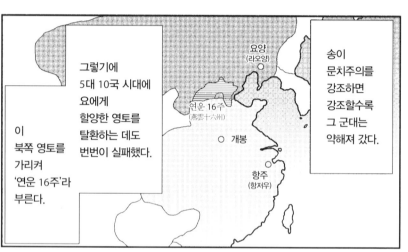

이 북쪽 영토를 가리켜 '연운 16주'라 부른다.

그렇기에 5대 10국 시대에 요에게 할양한 영토를 탈환하는 데도 번번이 실패했다.

요양 (랴오양)

연운 16주 (燕雲十六州)

개봉

항주 (항저우)

송이 문치주의를 강조하면 강조할수록 그 군대는 약해져 갔다.

중국 동북부에 사는 퉁구스계 여진족이 세운 나라로,

수렵과 농경으로 삶을 영위했다.

금(金)

'금(金)'을 이용하는 겁니다.

말해 보아라.

동관
정치가·군인

212

바닷길을 통해 동맹을 맺었다. (해상의 맹)

1120년 금과 송은

물론, 진짜로 줄 필요는 없죠.

세폐를 보내겠다고 약조하면 금도 수락할 겁니다.

금과 동맹을 맺어 요의 남쪽과 동쪽을 동시에 압박하는 겁니다.

온얀 아쿠타
금(金) 초대 황제

송은 금을 업신 여기고 있었다.

흠, 과연.

3년 뒤인 1125년, 요를 멸망시켰다.

1122년 단숨에 요의 수도를 함락한 금은

'서요'를 세웠다.

이후 요의 황족인 '야율대석'이 중앙아시아로 도망쳐

젠장!

약속했던 세폐를 주지 않았다.

우리 도움으로 요를 물리친 주제에!

이미 약속했던 세폐를 내놔!

한편 1123년 송은 연운 16주의 일부를 수복했음에도

宋 송

金 금

결국 1125년 수도 개봉이 금의 군대에 포위되었다.

전군, 황허 강 너머로 진격하라!

이, 이 놈들이 감히!

태종
금(金) 제2대 황제

휘종과 흠종을 비롯한 황족, 관료들을 금으로 끌고 갔다.

1126년 화가 난 태종은 다시 개봉으로 진격했고,

金 금

宋 송

아바 마마!?

무책임 풀썩

어어어, 난 전쟁이 싫다. 아들에게 선위하겠다.

흠종

휘종

송은 배상금과 영토 할양을 조건으로 겨우 강화 조약을 맺을 수 있었다.

이 사건을 '정강의 변'※¹이라고 한다.

이를 기점으로 북송(北宋) 시대는 막을 내렸다.

하지만 이 계획은 발각되고 말았다.

괜찮을까?

요의 잔당과 손을 잡고 금을 치시지요.

※1 여기서 '정강'은 당시의 연호. 즉 '정강 시기에 일어난 재앙'이라는 뜻

그러자 꾸나.

전하, 이렇게 된 이상 남쪽에 나라를 다시 세우시죠.

마침 개봉 밖에 계셔서 살았 습니다.

다들 금으로 끌려 가다니.

조구
흠종의 동생·강왕

금

○ 연경
(베이징)

○ 개봉

○ 임안
(항저우)

남송

정강의 변 이전의 송을 '북송(北宋)', 이후의 송을 '남송(南宋)'으로 구분한다.

남송의 새로운 수도는 '임안'이었다.

1127년 강왕 조구가 황제로 즉위했다.

고종
남송(南宋) 초대 황제

진회

정강의 변 당시 포로로 끌려 갔으나, 금을 탈출해 고종의 곁으로 돌아온 인물이다.

옛말에 "적을 알고 나를 알면 백전불태"*²라 했다.

*2 "적을 알고 나를 알면 백 번을 싸워도 위태로워지지 않는다"

'진회', 그대는 금의 정세를 잘 안다지.

예, 폐하.

흠
….

그러니 금과 화친을 맺고, 천하를 둘로 나누는 것이 현실적입니다.

금의 군세는 막강합니다.

반면 우리는 문관이 많을 뿐, 군사 쪽은 열세입니다.

악비는 농민 출신의 장군으로, 여러 병법서에 통달한 독서가로 유명했다.

병법을 전혀 모르고 있습니다.

금의 군대는 그저 밀어 붙이고 있을 뿐,

악비

부탁하겠네, 악비 장군!

부디 제게 군대를 맡겨 주십시오.

폐하! 아니 될 일입니다.

216

무... 무어라!?

회군 하시라는 황명입니다!

※ 악비의 명언 '十年之力 廢於一旦'

'십 년의 공이 하루 아침에 무너지는구나...'※

회군 하시라는 연락이...

이유는 잘...

그저

어째서냐! 수도를 되찾을 절호의 기회인데!

하루에 열 두번도 더 옵니다.

새로운 수도 임안

계속 공격하면 협상이 결렬되지 않겠나.

진정하게. 금과 화친을 맺을 걸세.

재상...

재상께서 진군을 멈추라 하셨습니까?

당시 진회가 정말 내통하고 있었는지는

지금도 의견이 분분하다.

'재상 진회는 금의 포로로 끌려갔을 때 회유되었다.'

재상께서도 알고 계시오?

우리와 금의 전력을 비교해 내린 결론일세.

전쟁을 계속한들, 백성들의 희생만 늘어날 뿐이야.

화친이야 만로 최선의…

어리석은…

더 이상 논쟁할 시간은 없다.

'금에 유리한 방향으로

홀려가도록 내통하고 있다' 라는 소문 말이외다…!

정말 그것 뿐이오?

※1 진충보국(盡忠報國) : '충성을 다하여 나라에 보답하라'라는 뜻.
악비의 어머니가 새겨 준 문신이라고 전해짐

철썩!

퍽

퍽

퍽

퍽

퍽

철썩

그런 말로는 천하를 납득시킬 수 없습니다！※2

…아마 있을지도 모르지.

재상 어르신, 정말로 악비가 역모를 꾀했다는 증거가 있습니까?

한세충
송(宋)의 무관

※2 악비의 처형을 두고 진회와 한세충이 나눈 유명한 대화
진회 : '莫須有' / 한세충 : '莫須有三字, 何以服天下'

그러나 비록 주화파와 주전파로 의견이 나뉘었으나,

오늘날 중국에서는 진회를 비겁한 죄인, 악비를 비극의 영웅으로 묘사하는 경우가 많다.

두 사람 모두 나라를 지키기 위해 노력한 한 시대의 영웅들이었다.

1141년

악비가
사망했다.

그렇게
화북 지방은
금에게
빼앗겼지만,
전란은 비로소
종식되었다.

금

서하   연경

개봉

임안

남송

1142년
금과 남송은
화친을 맺었다
(소흥화의).

그러나
금을 멸망시킨
북방의 강국
원(元)의
침략으로 인해

원
(元)

남송

진회가 악비의
죽음과 맞바꾼
평화는 한동안
이어졌다.

1276년

결국 남송도
역사의
뒤안길로
사라졌다.

222

중국의 문화가
과학 · 예술 ·
학문 등
다양한 분야에서
눈부신 발전을
거듭하며

나침반

활자 인쇄술

북송 · 남송으로
이어지는
이 시기는

화약

백자

흐드러진
시기였다.

조광윤이
선택한
문치주의,
바로
그것이

사람들에게
오랜 평화와
풍부한
문화를
선사했다.

주요참고도서·자료

【서적】

- 山川出版社,『新世界史B』(개정판) /『詳説世界史B』(개정판) /『山川 詳説世界史図録』(제2판) /『世界史用語集』(개정판)
- 岩波書店,『ヨーロッパ覇権以前 もうひとつの世界システム』(상권·하권)
- 勁草書房,『イスラームは特殊か』
- 講談社,『地上の夢キリスト教帝国 カール大帝の<ヨーロッパ>』/『中国思想と宗教の奔流 宋朝』/『<ビジュアル版>世界の歴史 12』
- 스타일노트,『ジャワの芸能ワヤン その物語世界』
- 知泉書館,『王国·教会·帝国 カール大帝期の王権と国家』
- 中央公論社,『世界の歴史8 イスラーム世界の興隆』/『世界の歴史15 成熟のイスラーム社会』
- 日本放送出版協会,『NHK海のシルクロード』(제2권)
- 勉誠出版,『「清明上河図」と徽宗の時代 そして輝きの残照』
- 山川出版社,『王安石 北宋の孤高の改革者』/『科挙と官僚制』/『カール大帝 ヨーロッパの父』/『中国開封の生活と歳時 描かれた宋代の都市生活』/『歴史の転換期4 1187年 巨大信仰圏の出現』
- SUNY Press,『The History of al-Tabari vol. 27』
- 明石書店,『イスラーム世界歴史地図』

- 朝日新聞社,『図説中世の世界 11 ～15世紀』
- 岩波書店,『イスラーム建築の世界史』
- 大月書店,『輪切りで見える! パノラマ世界史② さまざまな世界像』
- 河出書房新社,『図説 イスラム教の歴史』/『図説 中世ヨーロッパの暮らし』/『図説 フランスの歴史』
- 講談社,『ビジュアル版 イスラーム歴史物語』
- 創元社,『本の歴史』
- 中央公論社,『中国中世都市紀行 宋代の都市と都市生活』
- 東京大学出版会,『描かれた港 開封·杭州·京都·江戸』
- ニュートンプレス,『古代中国』
- 原書房,『図説 イスラーム百科』/『図説 世界史を変えた50の船』/『船の歴史事典』/『モノの世界史 刻み込まれた人類の歩み』
- 平凡社,『中国社会風俗史』/『東南アジアを知る事典』
- 明治書院,『十八史略』
- 八坂書房,『中世仕事図絵 ヨーロッパ、〈働く人びと〉の原風景』
- 有斐閣,『東南アジアの歴史 人物·文化の交流史』
- 中国戯劇出版社,『中国古代服飾史』

【WEB】

NHK高校講座 世界史, 国立国会図書館, NHK for School

이 책을 만든 사람들

- **감수:** 하네다 마사시(HANEDA MASASHI)
  도쿄대학 명예 교수
- **플롯 집필·감수:**

  제1장 우치다 지카라(UCHIDA CHIKARA)
  도쿄대학 동양문화연구소 특임연구원

  제2장 쓰지 아스카(TSUJI ASUKA)
  가와무라학원 여자대학 준교수

  제3장 우치다 지카라(UCHIDA CHIKARA)
  도쿄대학 동양문화연구소 특임연구원

  제4장 왕 웬루(WANG WENLU)
  도쿄대학 도쿄칼리지 특임연구원

- **자켓·표지:** 곤도 가쓰야(KONDOU KATSUYA)
  스튜디오 지브리

- **만화 작화:** 시라이 산지로 (SHIRAI SANJIROU)

- **내비게이션 캐릭터:** 우에지 유호(UEJI YUHO)

차별적 표현에 대하여

『세계의 역사』시리즈에는 현대를 살아가는 우리가 입에 담아서는 안 될 차별적인 표현을 사용한 부분이 있습니다. 역사적 배경이나 시대적 관점을 보다 정확하게 전달하기 위해, 불편함을 무릅쓰고 꼭 필요한 최소한의 용어만 사용했습니다. 본 편집부에게 차별을 조장하려는 의도가 없다는 점을 알아주시길 부탁드립니다.

— 원출판사의 말

종교가 지배하는 사회

(800년~1200년)

초판인쇄 2022년 12월 30일
초판발행 2022년 12월 30일

감수 하네다 마사시
옮긴이 일본콘텐츠전문번역팀
발행인 채종준

출판총괄 박능원
국제업무 채보라
책임번역 문서영
책임편집 김도현
디자인 홍은표
마케팅 문선영 · 전예리
전자책 정담자리

브랜드 드루주니어
주소 경기도 파주시 회동길 230 (문발동)
문의 ksibook13@kstudy.com

발행처 한국학술정보(주)
출판신고 2003년 9월 25일 제406-2003-000012호
인쇄 북토리

ISBN 979-11-6801-639-2 04900
      979-11-6801-777-1 04900 (set)